U0943583

政协委员履职风采

ZHENGXIE WEIYUAN LVZHI FENGCAI

林嘉骕　著

中国文史出版社

《政协委员履职风采》丛书
编辑委员会

林嘉骕（2001 年）

2000 年 7 月，率福建省科技代表团赴美国考察科技孵化产业园

2001 年 5 月，率福建省经贸代表团赴日本参加茶叶与健康、美容论坛

2001 年 6 月，参加闽港澳台经济合作论坛，与港澳地区政协委员在一起

2002 年 2 月，率联合国南南合作示范基地代表团赴联合国开发计划署考察

2004 年 3 月，率福建省科技代表团赴埃及、南非考察

2004 年 7 月，率福建省政府代表团赴广州参加（首届）泛珠三角区域经贸合作洽谈会

2007年，参加全国政协视察团考察海峡两岸“三通”，向中央提交《关于构建大中华经济共同体提案》

2009年3月两会期间，接受腾讯网采访，畅谈中国扶贫问题

林嘉骕长期从事扶贫开发工作，关注公益慈善事业。图为2010年参加全国政协文史和学习委员会举办的首届“善行天下•政协委员慈善公益事迹展”

2010年12月28日，接受人民网“委员讲堂”邀请，发表题为《关于我国公益慈善事业发展面临机遇与挑战》的演讲

目 录
contents

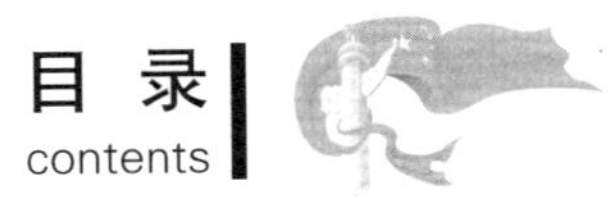

自述：我是履职多面手

建言献策　尽责履职

政协第九、十届全国委员会

【提案】

随感·报道

委员随感

媒体报道

自述：我是履职多面手

我是第九、十、十一届全国政协委员，中国扶贫开发协会执行副会长，1966年毕业于上海复旦大学物理二系原子核物理专业。回顾我的一生经历，经受风雨洗礼，接受革命考验，阅历丰富，非常充实。我毕业后，先在研究所工作，后到部队农场锻炼，再下放福建福安宁德地区农械厂。“文革”结束后，在邓小平同志的关照下，落实政策，我以专业归队，调入福州大学物理无线电系工作，因为党的统战工作需要，调入民革福建省委会工作，因改革开放形势需要，再调入中国（福建）外贸中心集团工作，因干部年轻化、知识化需要，再调入福建省政府工作。在我年寿已高，离开实职岗位后，又调中国扶贫开发协会工作。

在任全国政协委员和福建省政协常委20多年间，我积极参政议政，出谋献策，代表各界别反映社情民意，发挥民主监督职能，充分履行职责。邓小平同志说：“我是中国人民的儿子，我深情地热爱我的祖国和人民。”巴金说，知识分子要有良心、说真话。他们的教导，成为我人生的座右铭。我先后提交了300多份提案和100多份大会发言材料，内容覆盖很广，涉及“三农”问题、慈善事业、新能源开发、两岸关系等。我常常戏称自己是万金油委员，说得好听一点，就是个多面手，哪一方面的问题都能涉及。《建议保护我国历史文化名城的提案》等两份提案荣获全国政协优秀提案，另外三份提案荣获福建省政协优秀提案。《关于设立中国航海节的建议》被国务院采纳，并形成国家级节日——每年7月11日的国家航海日，我因此荣获2005年度“感动福建”关心公众利益积极建议奖。我长期关注和从事公益慈善与扶贫开发工作，被全国政协评为“善行天下”慈善人物，受到表彰。

回顾人生历程，我深刻地体会到，自己事业的成功离不开党和人民的培养和信任。党和人民为我提供广阔的历史舞台，让我充分发挥自己的聪明才智。

族谱焚毁，源自河南

我从小听父辈讲，林氏从河南固始南移。由于家谱在“文革”中焚毁，无从考究，闽侯学者考究我家源自闽侯尚干林氏。福清学者考究我源自福清海口林，幼时听长辈讲，我们与爱国名人林则徐同一家族。至今每逢过年，闽侯、福清的团拜会我都参加。

据说祖父辈为两兄弟——林赞（祖父）、林襄（伯祖父）。父辈告知我，祖父是清朝末年七品芝麻官，曾任闽侯大湖县丞，为官清廉，爱民如子，去世时百姓竖碑纪念其功德。育一子林祖煊（字熙民），二女。伯祖父育一女，早年移民新加坡，伯祖父在上海去世后不久，即失去音讯。

父亲林祖煊早年因家境困难，念不起大学，考入福州马尾船政学校，该校是全公费学校，现代海军摇篮，曾培养邓世昌、严复等名人。父亲入学航海系，舅父陈允权入学轮机系，我们家族可谓海军世家。

父亲的青年时代，是在马尾海军学校接受爱国主义教育。他便成长为追求进步的青年海军军官，毕业后又入南京鱼雷学校深造。抗日战争爆发后，他积极参加抗战，参加了江阴保卫战，为了阻止日寇沿长江入侵重庆，受命率布雷大队进驻秭归县庙河，负责长江沿线水域的布雷工作。后来，他在中共地下党的领导下，策划国民党海军第二舰队起义（舰队司令林遵将军是我父亲的同班同学），有力地支援了解放军渡江战役取得胜利。在中共地下党领导下，他又策划闽系海军100多名官兵起义，率部前往解放军第三野战军司令部南京所在地，在司令员陈毅将军领导下，抽调部分解放军官兵，创建新中国第一支海军——华东军区海军，即东海舰队的前身，驻防上海吴淞口。舅父陈允权于马尾海军学校毕业后，服务于中华航空公司，在香港参加两航起义，驾机飞回北京，为祖国航空事业作出贡献。

我的母亲陈韵娟是典型的贤妻良母，受传统文化影响很深。她五岁时失去母亲，战乱中父亲失踪，姐妹俩寄养在伯母家，无依无靠，失去教育机会，没有文化。成家后，在父亲手把手地教导下，她才具备初小文化。这段特殊的生活经历，使母亲特别善良，有爱心，助人为乐，在上海瞿溪街道居委会任职，做群众工作，在居民中颇有威望。有时在家里搞些针线活，补助家用，或资助街道困难邻里。

考入复旦，留在上海

1961年，我毕业于上海大同中学，当时的物理老师建议我考物理系，化学老师建议我考化学系，因为在数理化方面，我的成绩都挺不错。1961年考大学还是比较难的，可以说是百里挑一。我选择了上海复旦大学，又选了物理二系，因为当年我们国家还没有原子弹、氢弹跟导弹火箭，很需要这方面的人才。我当时就填报了复旦大学的物理二系，专业是原子核物理，这算是我的第一志愿。没想到高考挺顺的，发榜的时候，我被第一志愿录取。我们班的同学都是从全国各地招来的。当时国家为了重点培养核物理的人才，研制原子弹、氢弹，在复旦大学建设这样的人才培养基地。

复旦大学是国家的重点院校，当时排名跟北大、清华、上海交大差不多。在大学五年，我受益匪浅。当时我的爱好是多方面的，虽然学理科，对文科也挺感兴趣。学校图书馆藏书比较多，十七八世纪的世界名著、古典小说都有，但是学校不让理科学生借。我在学校图书馆搞了一个月的义务劳动，跟图书馆的老师、管理人员关系都处得很好，在此期间我就博览群书，将中外名著看了好多，增强了自己的文化底蕴，也为日后工作打下了基础。因为按照传统的教育分类，理科学生就是学理科，文科很少涉足；文科学生要涉足理科，也很困难。但我自己兴趣广泛，文理科都有涉猎，便能培养自己的一专多能，成为类似于通才这样的人才。

我们的大学生活很丰富，不光上理论课，还要上实验课，每年还要到农村，参加秋收、夏收活动。现在回忆起来，这些活动培养了我吃苦耐劳的精神。1966年，本该大学毕业，因为当时发生了“文革”，我们延迟到1967年才毕业。因为国家军工事业的需要，很多同学都被分配到三线。但因为家庭背景的原因、父母年纪也比较大，组织上照顾我，让我留在上海，就分配在上海嘉定的中科院华东分院，当时叫华东230研究所，后来改名为中科院上海原子核研究所。这个所主要研究核物理技术，也为我国的两弹研发提供人才基础。

当年所里一部分承担了军工的研发任务，还有一部分涉及原子核的和平利用，比如现在各地搞的核电站，当时就有涉及。我们这一批人，逐步在老专家的带领下成长起来。

我在原子核研究所没待多久。毛主席说，知识分子要接受工农兵再教育，我们就到了石家庄，在部队农场锻炼一年，收获挺大，一是学习了解放军的优良作风，二是自己又锻炼了一回。现在，我走到哪里都能吃苦，吃东西也没讲究，酸甜苦辣都能吃，从来不挑肥拣瘦，不抽烟，不喝酒，对自己要求挺严格，也比较正规。

下放福安，勤奋自修

我在上海原子核研究所工作了一段时间，认识了很多领导和朋友，又在部队农场锻炼。“文革”对自己的冲击比较大，因为从部队回到研究所后，组织上就把我调动了，我就改行了。因为我的祖籍是福建，便从上海调到福建。

我家的海外关系比较多，后来我在海洋、航海、海洋经济等方面提了很多提案，都被中央采纳，实际上都跟我的家庭背景有一定关系。我的老父亲上的是马尾海军学校。这所学校很厉害，相当于海军中的黄埔军校，台湾海军界的好些高官都和父亲是同学。为什么后来父亲不跟蒋介石一起到台湾呢？因为他在中共地下党的领导下，积极参与了他的同班同学、原来的第二舰队司令员林遵在长江江面上的起义，这个起义非常重要。毛主席对这个起义做了非常高的评价，因为它为百万雄师下江南奠定了很好的基础。父亲后来又到了福建，回到家乡率领100多位国民党海军官兵起义，便不跟蒋介石去台湾，而是在中共地下党的领导下到了南京。他一直在东海舰队工作，1958年才调到浙江的交通学校当教导主任。因为有这段历史，我才会被下放到福建。

那时候，省城福州里的很多大学教授都被下放到农村，组织便把我分配在福安一个小县城，算来还不错。我从搞原子核物理，改成了农业机械化，因为当年农业机械化掀起一股热潮。面对改行，我认真对待，不像有的年轻人灰心失望，对未来前途感到渺茫。我这个人有一个特点，有一股拼劲，按照毛主席的思想指导，经常下车间向工人学习。我一个工种、一个工种地学，从铸造到精加工到热处理，跟不同的部门打交道，边学边干。每次我都借出差的机会到福建省图书馆借机械专业的书，从机械制图，到热处理，还有零部件加工、机械加工，边干边学。现在我到工厂考察调研，包括做企业咨询，机械这个行业我都非常熟。

在福安那个地方，生活很艰苦。当年闽东也是革命老区，交通不便，公路很差劲。从上海坐船到温州，从温州坐长途汽车到福安，或者坐火车到福州，再坐长途汽车，才到宁德地区农械厂。因为我贴近工人，很快就会开各种车船，机械知识也学了不少。当年就担任了机械方面的技术员。

那时的生活也很精彩。山区条件艰苦，自己便在后山上弄块地，向工人学习，业余时间种种菜，养养鸡。母鸡生蛋，蛋孵小鸡，蛋吃不完就给工人兄弟，有时候自己还做咸蛋，菜吃不完自己做咸菜。我学东西比较快，会做衣服，会踩缝纫机，还会做木匠，小板凳这类的简单家具，我都会做。

我充满信心，虽然当时普遍不重视知识，不重视文化，但是我认为，国家的发展迟早需要知识，需要技术，需要文化，所以我没有把专业知识扔掉，特别是没有扔掉外语，经常看原版的英语书。后来发生一件很好玩的事情。有个党委书记叫马新民，山东人，农械厂有个同事跟他汇报，嘉骕同志走“白专”道路（只研究理论，没有方向），还在念英语。马新民跟我关系非常好，便找到我，说嘉骕你要注意影响，有人反映你在学外语。在办公室里，我便把抽屉打开，把《毛主席语录》《毛泽东选集》，还有这些英文版的书给书记看。我说，马书记，我在学《毛泽东选集》和《毛主席语录》。书记立刻就很高兴了。他有点袒护我的意思，说，学外语，学毛选，这个不错。事后我得知，他批评了那个同事——人家学的是外文版的原作、马列主义著作。这个风波就平息了。

现在回忆起来，当年专业知识没扔掉，外语没扔掉，也为我调入福州大学奠定了非常好的基础。为什么呢？因为当时晋升讲师要考外语，如果我外语不过关，即使论文发表得很多，讲课水平很高，还是评不上讲师，评副教授、教授也是如此。

寄信抒怀，落户福大

“四人帮”倒台以后，我想回上海。但是回上海非常难，中科院华东分院书记对我说，你从上海迁出时就一个人，你到福安成了家，又生了一个孩子。上海户口审查非常严格，不可能出去一个人，调进三个人。我便跟书记说，这样吧，我一个人先回来，先跟老婆分居，没问题。书记笑起来，年轻人，你这个想法不现实，你现在肯定想先调回上海，然后跟父母亲在一起，但是到了第二年你就会提出，（请组织考虑）照顾一下，（解决）夫妻分居的事。后来我才知道，上海户口管理非常严格，我不可能再回上海。

那时候，我面临一个非常好的机遇：小平同志复出，然后开了全国科技大会，迎来了我国科学的春天。我就抓住这个机遇。那时候我年轻嘛，胆子也大，就斗胆给敬爱的小平同志写了封信，说自己当年受了“四人帮”迫害：我的海外关系比较多，不适合在保密单位工作，所以组织上把我下放到福安，改行搞农业机械化。没想到，过了一段时间，福建省委组织部打电话给我。我接到电话，问：“你是哪位？”他说：“我是福建省委组织部的。”我说：“有什么事吗？”因为我感到奇怪，组织部里没有我的朋友啊。他问：“你有没有写信给小平同志啊？”我心里咯噔一下，感到很突然，会不会有什么问题？后来想了一下，我不过是要求落实政策、改变学非所用的处境，是为了让我们年轻的知识分子能够发挥作用，为国家建设做事。所以当时就很天真地想着，应该没问题。

后来，我利用出差的机会到了省委组织部，兰泓处长非常热情地接待我，他说："小林啊，你没想到吧，你给小平同志写了信，他批转了。邓办转到我们省委组织部，作为全国落实知识分子政策的一个典型。你放心回去。虽然闽东组织部说闽东很需要你，要求你工作十几年以后再调回省城。但我说不可能。再工作十几年？那就四十多岁了，怎么可能？特别是有了小孩，肯定想调到大城市里，这样小孩念书方便一点。"

组织部这样说，我便像吃了定心丸。兰泓说你回去吧，后续的工作我们来做。后来组织部通知我，嘉骕同志，我们已经跟华东物资结构研究所所长卢嘉锡教授联系了，你去物构所找他。我一听就明白了，因为我跟卢教授不熟，组织部肯定是想通过卢教授跟我聊天，考核我的基础知识跟外语水平。

卢教授非常热情，直接用英语跟我对话，对完话以后就问我，原来在复旦念什么专业，在研究所做什么工作，现在又做什么工作。最后卢教授说，小林，你回去吧，你的工作我会跟组织部建议。后来我听说，他向组织部建议，嘉骕同志学的是原子核物理，福州大学物理无线电系正需要这方面人才，建议将嘉骕同志调到福州大学去当老师。物构所搞的是物资结构研究，偏化学，不适合我，所以他建议我去福州大学。我非常高兴，激动得一两天都没睡好觉：一是工作落实了，二是又可以把专业才能发挥起来。更重要的是，我可以让小孩跟着到福州，在那里上小学、中学。

我到福州大学当老师，很快就从助教升为讲师。为什么？一个原因就是外文没有丢，外文基础很好。当时福州大学管业务的副校长林应茂找我说，嘉骕，你的外语是全校最好的，能不能在高年级学生中开课，就用英文原版的专业书，用外语跟学生授课，提高高年级学生的外语水平。在整个福州大学，我率先开了这门课，用了美国《原子物理学》这门教材，直接用英语给高年级学生上课。另外，我原来的物理专业也抓得紧，我很快就胜任了这个工作。

在大学里，我除了给学生上原子物理学、理论课，还带了一些实验课，普通物理实验、中级物理实验都有，不但上课，还编了教材，出版了《原子物理学》《近代实验物理学》的教程，还出了一本《物理学的字典》。

当时工资很低，一个月就几十块，字典很贵，买不起。但是我对文科感兴趣，也学了不少东西，就把最新的科学原理、知识，用普及性的语言写出来，发表了几百篇科普作品。我在业余时间里，基本上都是"爬格子"。当年稿费也不高，发下来就买书，买了各种各样的字典，英汉字典、德汉字典、日汉字典。虽然专业书、辞海的价格贵，但是有额外收入，也买了不少。这些图书为我奠定了很好的知识基础。

虽然现在年龄大了，全国性的会议、论坛请我去作演讲，我只是列出提纲，从来不写讲话稿，都是脱稿讲。因为在福州大学当了七八年的老师，锻炼了自己的口才，学会控制时间，大学一节课就是40分钟，40分钟过去我就讲得差不多了。现在要发言，你告诉我时间是半个小时，或者一个小时，讲什么内容，我基本上恰好讲这么长的时间。我从来没叫秘书写稿子，这是我的一个特点。

我还有一个特点，因为文笔还不错，经常也编一点东西，比如说在部队农场期间，部队注意宣传教育，经常叫我写快板、相声或者诗朗诵、诗歌剧本。现在想来，年轻时对自己的磨炼、锻炼非常重要。当年在福州大学，有些老师年纪比我大，考了几次讲师，都没考下来，但我考一次就通过了。后来又评上了副教授、教授，这是我在物理学专业方面的高级职称。实际上，我还有一个高级职称叫高级经济师，国际商务系列的。

调入外贸，转战省府

为什么后来我离开了福州大学？故事也很精彩。当年我们福建省委书记项南把贾庆林同志从山西太原重型机器厂调到福建当省委常委，后来当组织部长。项南是我非常敬仰的老书记，在历届福建省委书记中，老百姓最敬佩他。他把贾主席调过来当领导的时候，贾主席的夫人林幼芳在福建外贸集团当党组书记。有一次夫妻俩商量，贾主席说现在中国的外贸水平太低，出口产品多是低档货，服装、鞋帽、箱包，还有未加工的初级农副产品，价格不高，却要花很多外汇进口国外的高科技产品。

举一个简单的例子，原来物构所生产的激光晶片，我们出口到美国，一块晶片只卖十几美元。美国把晶片加工成激光治疗仪，一台就要卖几十万美元。所以当年林书记很着急，需要高科技人才。她得知我是学核物理的，经过组织考核，认为我人不错，外语又好，是不是可以专门调到中国（福建）外贸中心集团工作？从福州大学调到外贸中心集团，我最初是在企业管理处当处长，没一年时间，经过组织部考核，就被提拔为副总裁。

改革开放初期，我国非常需要高科技人才，也非常需要外贸人才。当时大家都想做外贸工作，因为外贸领域工资高。像我这种条件的，进入外贸领域工作很难，能当外贸集团的副总裁，那就更难了。但是我非常幸运地获得这个机会。林书记对我说，嘉骕，好好干。你有这个优势，组织上也给你提供了这么好的条件，一定要为福建的外贸发展作贡献。

我工作就是这样，喜欢进行深入的调研。我们基本上把福建省对外贸易的基地、企业全跑遍了。就在当年，因为我的外语比较好，组织上叫我分管驻在十几个国家的外贸公司。所以我经常出国，总共跑了68个国家，遍布五大洲。发达国家全部跑过了，非洲的国家，多哥、贝宁、加纳、埃及、南非都走过。有些国家当时还停留在原始部落聚集阶段，我们也去，主要是考察我们的商品哪些是当地需要的，如何调整我们的产业结构。在外贸工作那一阶段，我虽然改行了，但没有胆怯。我相信，凭着自己的才华，很快就能适应工作。我一边工作，一边自学外贸专业的课程，后来考取了国际商务系列的高级经济师。

我在外贸集团工作了七八年。现在回忆起来，收获挺大。一是外语更好了，二是了解了各国的经济发展。出国不是为了游山玩水，而是认真调研，搞清楚我们外贸的产品结构在这些国家有哪些特点。比如说，当年我们的摩托车在非洲很畅销，后来逐渐不行了，为什么？我在提案中就提到这个问题：我们只注意整机的生产，不注意配件的生产和维修站、维修中心建设。你看，日本车进来以后，不管丰田也好，凌志也好，都有自己的维修中心，配件随时都可以换。我们的摩托车在非洲，刚开始比雅马哈销路好多了，因为价格便宜，非洲人喜欢。但是后来坏了，配件配不到，维修不方便，日本摩托车又逐渐占领了市场。所以，我把调研与政协的提案工作结合在一起。我在外贸集团工作时就已经是福建省的政协常委了，便结合外贸体制改革提出了提案，很多都被采纳。

这里也有一个小故事。那时是改革开放的前几年，我们当老师的，为人师表，跟大家一样，都是穿中山装，没有穿过西装，留平头，也不吹头发。一到外贸集团，林书记就跟我说，我们的形象代表外贸公司的形象，经常跟外商接触、谈判，你要注意自己的衣着和装束。我马上开始调整，开始穿西装，穿皮鞋。入乡随俗嘛。

没有想到，因为干部的知识化、年轻化与专业化要求，福建省委组织部贾庆林部长又把我调到福建省政府，担任副秘书长。省长就是原政治局常委贺国强同志，我刚刚调任副秘书长的时候，省长给我了三大国策的调研任务，一个是环保，一个是计划生育，一个土地。我接了三个任务后，跑遍全省，提交了有一定分量的调研报告。

全国政协的一些提案具有超前性。我也是敢于发言的政协委员，对于计划生育政策出现的一些偏差，我很早就提出来了。当时我们做农村调研发现，男女的性别比存在差别，男性比女性多2000万人左右，还有近亲结婚的现象——乡村里奉行“肥水不流外人田”，很多人都是表兄妹成亲，后代出现智力问题的很多。另外，残疾人的独生子女政策如何执行，失独家庭怎么办，当年我们也发现了这些问题。我不但在全国政协会议上提案，在省政协会议上也提案，现在都一个个兑现，包括适当放开二胎。刚开始的单独二胎政策我也提了。过不了多久，大陆或许也会跟台湾地区一样，生第三胎要给予奖励。为什么呢？因为我们提前进入了老龄社会。

征兵过程中出现一个情况，就是很多独生子女不愿意当兵。他们也不愿意念职业学校，都去念大学。于是出现了一个现象，一方面，每年毕业的大学生逐年增长，失业的大学生也越来越多。另一方面，劳动密集型企业又招不到工人。国家不得不采取新的政策。原来我们以为，劳动密集型企业，在东莞的招不到工人，在福建、广东的招不到工人，可以转移到中西部地区，到那里去投资，那里的农民工不需要到东部打工，可以就地就业。这是一个两全其美的办法。但是现在看来不行。比如说制鞋要用二甲苯，容易让工人得职业病。所以，我跟中央建议，中央出台政策，引导这一类劳动密集型企业用机器人代替人力。我认为，从全国范围来看，企业从东部地区转移到中西部地区，不是简单地进行产业结构调整，而是要在中西部地区搞智力扶贫，通过科技、智力来扶贫，逐步转移到中西部的企业必须符合环保标准、生态标准。

到了福建省政府，我负责民政这一块工作。有一年福建发生水灾，贺省长就跟我说，嘉騋同志，我现在没空，你代表我到灾区救灾。我便到了清流，一路调研过去。我们发现，这次的损失除了跟自然灾害有关，跟干部的素质、管理水平都有关系。比如清流县县委书记跟我解释，为什么整个县城都被洪水淹了？清流有一个安砂水库，本来气象部门预报了这几天有大雨，但是管理安砂水库的老总舍不得放水。因为一吨水就能发一度电，放了水就意味着水库损失了金钱。大雨过后，安砂水库还不肯放水，我没办法，只好给贺省长打电话。省长命令他放水，否则就地免职，安砂水库只好放水。但是动作太快，一下子把安砂水库的水放出去，来不及通知山民。这一下就糟糕了，因为清流县城的水刚刚退掉，猛然来一拨，整个城市又被淹了。

那次发了水灾，我就在全国政协会议上提案。长汀是革命老区，遭受水灾，一些珍贵的医疗仪器被淹了，怎么办？福建省政府又没钱。恰好当时日本红十字会有一个价值80多万美元的援外捐赠项目落不了地。一看到我这个提案，上面拍板，80多万美元全部给长汀这家医院，一下子解决了革命老区医院的受灾问题。我们国家管理有这样一个问题，一是信息不对称，二是部门条块分割，各自为政，造成有时候政府层面有钱，但是找不到落实的地方。我们政协委员发挥的就是桥梁作用，通过一个点一个点发现情况，及时向上面反映。

我在福建省政府工作这几年，受益匪浅。我为什么没有参加共产党，一直作为党外人士呢？其实我是一个追求进步的人，在复旦大学念书时就申请加入中国共产党，但是没批准，也不知道是什么原因。在宁德地区农械厂、福州大学也是这样。最后福州大学党委书记给我透露了一下。当时他知道我要从福大调到外贸集团去，就跟我说，嘉骕，你条件那么好，组织上也准备发展你入党了，你不要走。但是后来项南书记认为，要把嘉骕调到更需要的地方去。后来我也没能入党。最后我才知道，因为我在台湾那边的关系多，组织上认为，我留在党外，更能为国家、为党做工作，便有意把我安排在党外。

后来，陈明义把我从省委副秘书长调整到福建省科技厅当副厅长。当时的科技厅厅长，就是现在的全国工商联主席、致公党原副主席王钦敏。调到科技厅工作，算来是回到我的本行了。因为外语比较好，分管国际科技合作的交流。在这一方面，我做了很多开拓性的工作。比如，原来科技厅知识产权局是一个处级单位，我调研发现，上海市知识产权局级别比较高，是副厅级单位，有利于开展工作。知识产权局作为处级单位，无法协调各个厅局之间的知识产权保护工作。就这个问题，我进行全国调研。当时习近平总书记是我们福建省的省长，最早他分管农业、统战，跟我比较熟。我在调研完毕以后，给他呈送了一份报告，建议将知识产权局升格为副厅级。他的秘书在一个礼拜后给我打电话，说，嘉騋厅长，省长下个星期到你们厅里开现场办公会，专门为你这个升格的问题来。那一天，我们厅的领导全部在门口迎接省长。习省长带着福建省发改委以及其他厅局的领导一起来了，因为他兼任编办主任。习省长一到我们现场办公，明确宣布，嘉騋同志那份调研报告写得很有见解，我们考虑了一下，应该加强知识产权局的工作，应该升格。过几天科技厅把升格报告打上来，就这样定了。非常干脆。所以当年我们省的知识产权保护在全国范围内也算是做得很好的。在全国知识产权的工作会议上，我还做过典型发言。

习总书记给我印象很深。凡是送给他的报告，他都有批示。后来一个国际性会议在杭州召开，我代表福建科技厅参加。习近平同志作为浙江省省委书记参加了这次会议。他很亲切地接见了我，作为老领导，他在很多方面都对我很支持。

后来，习近平同志因为工作需要，到上海市当市委书记。我去拜访他，算来是随便聊天。我说自己是上海大同中学毕业的，后来他在百忙之中到大同中学视察，还提到我是这个学校的毕业生。大同中学在新中国成立前叫大同大学，后来一部分搬迁到台湾，剩下的就改名为大同中学。这个学校一百年校庆的展览我看了，培养了很多中科院院士，全国政协原副主席钱正英也是那里培养的。

履职政协，多方提案

不管是在福建省政府当副秘书长，还是在科技厅当副厅长，不同的岗位对我的培养起了很大的作用。为什么每年“两会”期间媒体喜欢采访我，而且基本上他们问什么问题，我都可以比较恰当地答复，就是因为不同的工作岗位给我了不同的视野，让我能够接触各方面的情况。

譬如央视财经记者采访我，问我为什么会提出历史文化名城保护这个提案。我说，改革开放30多年来，我们的经济确实发生了翻天覆地的变化，城市面貌改变特别厉害。深圳作为经济特区，是一个崭新的城市也就罢了，但是上海、北京这些老城市，在发展的过程中，对旧城的改造有点偏颇，一些名人故居、古迹在旧城改造当中受到不同程度的破坏。在福建工作期间，我得知李嘉诚已经跟福州签订协议，要改造三坊七巷；在报纸上，我看到舟山群岛上的定海古城墙全部被拆掉了。很多地方对古迹的破坏太严重了，特别是那些历史文化名城。因此当年我就建议全国人大尽快出台历史文化名城的保护法。国务院采纳了这个提案，全国人大出台了保护法案，保护99座历史文化名城。现在我听说，增加到了108座历史文化名城。

现在城市建设存在一个严峻的问题，城市建设同质化。在北京、上海、广州拍一些高层建筑，问是哪个城市的，谁都说不出来，因为没有个性。其实上海的弄堂、北京的四合院，才是这些城市的个性。外国人到北京来，就喜欢到四合院来，喜欢住在四合院的宾馆里，不喜欢高楼中的五星级酒店。现在的城市建设对城市既有的特色破坏太厉害了。古村镇、古村落同样如此。所以要赶快抢救，再不抢救就来不及了。当时中央非常重视这个提案。这个提案被评为第九届全国政协的优秀提案，李瑞环主席还给我们颁了奖状。

由此延伸，关于古文物的保护、古迹的保护，我提的提案都达到了很好的效果。

河北张家口有一个古驿站。古时候送信靠骑马，骑到天黑时要停下来住在驿站里，第二天再换一匹马出发。这个古驿站具有很高的保护价值，也被列入了国务院的重点文物保护单位，但是修缮缺少经费。我跟河北省政府说，你们赶快写一份具体材料，我写提案时参考一下。

河北省政府的有关人员写了一个很长的提案。因为马上要开会了，我便细细地看完分析又将其浓缩，提出几条自己的见解。没想到这一个提案也被采纳了。全国政协提案办把它提交到国家文物局，国家文物局拨了6000万元给河北省政府。后来，河北省政府秘书长跟河北省文物管理局局长专门来感谢我，当时我已经在中国扶贫开发协会工作，当执行副会长。

为什么我要提历史文化名城的保护呢？起因就是这样。因为古迹需要抢救，不抢救，老祖宗留给我们的东西逐渐被破坏，最后就可能消失在历史的尘埃中。

我率先提出了一个提案，关于红色之旅。这个提案为国家旅游收入开创了一个新思路。

当时我在福建工作，台湾刚刚开放对大陆的旅游和投资。最初台胞胆子很小，不敢直接来大陆旅游。在这种情况下，我向福建省台办建议，能不能以青年夏令营的名义，组织台湾青年学生搞夏令营，从厦门入口，走长汀、龙岩、瑞金、井冈山这一条线。我便率先提出了红色之旅的概念。青年夏令营办起来，台湾小孩到大陆玩了一趟，回家跟父母说，大陆景点多，玩的东西比台湾多。特别是，他们在革命红色之旅这条路线上看到了与台湾不一样的风光，接受了不同的革命的理念，回去跟父母说了，父母也就选择这条线旅游。

这个提案提出来后，引起了国家旅游局的重视。全国就以红色之旅的理念开辟旅游线路，最初开辟了几十条，现在有一百多条，把革命老区点连成线，线连成片。统计表明，红色之旅现在每年为国家创汇五六百个亿。

这个提案的重要意义也在后面显示出来。大京九线路（北京—广州—香港九龙）贯通了，但是跟福建省的铁路没有连接，各走各的路。福建龙岩到赣州也还没有铁路。当时跟台湾的海上三通已经有了，高雄与厦门之间，海运公司开通直航。全国政协组织政协委员进行两岸三通调研，我们到厦门发现，两岸的航运公司都亏本。他们反映，湖南、江西的货必须通过香港转运台湾，运费高，时间长。但是那些鲜货，不管是水产品，还是水果、蔬菜，时间一长，容易腐烂，外贸公司就亏本了。所以我提出两条铁路方案，一条就是从龙岩到赣州，修建龙赣路，把革命老区连在一起。这个提案是在前面所说的夏令营提案之后，也就是说，从厦门进来，开辟一条红色之旅，从龙岩到瑞金，从瑞金再到井冈山。铁道部与发改委非常重视，采纳这个建议，列入计划，短短几年时间，这条线路就开通了。现在这条线也通了动车，革命老区的人民只用两个多小时就可以到厦门。更重要的是，湖南、江西的货不再需要通过香港中转，直接运到厦门，从厦门海运到台湾全岛。台胞特别是台湾企业，也非常高兴。

另一条铁路线是从福州到温州。我是从军事用途提案：两岸统一，包括两岸人民一起打击“台独”分子时，解放军可以通过铁路线运输。刚开始，铁道部、发改委答复，可以修铁路，搞单线。但是没过多久，就改成复线、双线；双线还没有开始修，就直接搞成了动车线。我本人也受益，从温州坐动车到福州，一个多小时就到了，太方便了。

闽东是革命老区，我的提案让当地人受益，现在很多当地人还记得我。我关注闽东，其实也有个情结问题。因为自己是从上海下放到福安。我经常开玩笑：虽然自己只在宁德地区工作了七八年，但是我一直把闽东当作自己的福地，当作第二故乡。

我提了300多份提案，还有大会发言100多份，提供给全国政协的信息也是比较多的。很多建议都获得了不错的社会效益跟经济效益。

日本福岛地区发生大地震以后，接着出现大海啸，福岛核电站爆炸，造成了海水污染。我的专业是原子核物理，知道核电站爆炸以后，会出现大气核辐射的污染、海水污染。我关注最新的报道，发现福岛地区的小孩子患癌比率明显增高，现在福岛周边很多地区已经变成无人区，很多居民都迁移了，不敢住在那个地方。福建的福清地区，很多人都移民日本，或者到日本打工。所以我建议中央注意这些问题。核辐射的空气有污染，水有污染，土壤有污染，大批福岛地区的华侨、打工人回来跟家人团聚，他们的头发、衣服中肯定含有放射性。如果他们马上跟家人团聚，不进行清洗处理，会把核辐射传播到家里。我当即给全国政协写了一个内参资料。

我与山西平遥的民间学者彭令是好朋友。有一次，他到南京地摊货捡漏，捡到一套线装书，还是手抄本，是一个清朝学者用线装笔记本手抄的《海国记》。这本书很有价值，证明了钓鱼岛是中国的领土，比现有掌握的资料早78年。我跟他说，彭令老师，并非你认为它有价值它就有价值，必须经过专家的论证——这个笔迹与纸张是不是仿造的？是不是真的？我建议，你找公安部做笔迹鉴定、纸张鉴定。他听了我的话，经过公安部鉴定，笔迹是清代的，纸张是清代的，墨汁也是清代的。我说，那就好了。钓鱼岛问题涉及海洋问题，我就跟他一起跑了文化部、海洋局，找到海洋局下面的太平洋协会，组织几个专家对这一套线装书进行鉴定。鉴定完毕，史料很有价值！当时中日两国已经对钓鱼岛有争议，这套书便为外交部门提供了一个很好的依据。

我又对彭令老师说，你还要请文物、古迹方面的专家来鉴定。后来国家文物局便聘请专家鉴定。这三方面鉴定完毕，都说很有价值。后来我问国家文物局的人，国家能不能赶快收购这套书？因为日本人得到这个信息，已经直接找到彭老师，出价380万元，要彭老师把这套书卖给他。彭令老师找了我，我说，坚决不能卖，你卖了，你就是汉奸，就是卖国！这么重要的史料卖给日本，怎么行？最好由我们国家收购。国家文物局的意思是，国家现在经济也很困难，不可能专门拨钱来收购这套书，建议还是个人收藏。但是彭老先生家庭也比较困难，收藏又没有这个水平。他问，你们扶贫开发协会能不能帮我拍卖，只能由国内企业家或者有钱人来买，不能卖给外国人。后来我们商议了一下，筹划了一次拍卖专场，没想到效果非常好。天津一个企业家出了1480万元，把这一套古籍收购了，由他来收藏，而且签订合同：只能自己收藏，不能转让给外国人或者外资企业。

彭令老师非常感激我。他原来是一个普通的民间学者，通过这个项目，在全国的知名度一下子很高。现在，我跟他都变成了太平洋协会的顾问。为什么我成为了顾问？因为我在这个问题上做了积极的推动，跟他一起跑文化部。我还给温家宝总理写信，建议将《海国记》的内容入选小学课本，让国民从小就知道钓鱼岛是中国的领土。因为当年日本国内已经沸沸扬扬，准备修改日本教科书，不承认侵华战争这个历史。

设立国家航海日，这个也是我提出来的。2005年是郑和下西洋600周年，600周年是一个非常好的纪念时间点，有关部门如交通部都有纪念。但是我感觉很遗憾：我国是一个海洋大国，发达国家中的海洋大国都有航海日，郑和下西洋的意义远比哥伦布航海、麦哲伦航海大，因为他们的航海带有殖民性质，到了哪个地方首先把自己国家的旗帜插在上面，然后宣布这个地方是西班牙或者葡萄牙的殖民地，殖民主义的思维非常强。郑和下西洋，一是把中国的瓷器、茶叶、丝绸送出去；二是以货换货，把国外的香料或其他品种运进来，主要是国与国的文化交流、商品交易。这与哥伦布、麦哲伦等人的航海目的，有着本质的区别。

最近我跟福建一个搞水产的年轻企业家说，如何结合习总书记提出来的“一带一路”，到东盟国家搞港口建设。我们的远洋渔船也要到南极洲去捕捞，因为我们的近海渔业资源已经枯竭了，需要捕捞远洋资源，做深加工，增加国民蛋白质的供应。现在福建老板已经在印尼的三宝岛——郑和叫“三宝太监”，到过这个岛——建鱼肉加工厂。我说，你做的是非常有意义的事。

不久前，中合三农集团、国家有关部门在太平洋的汤加岛搞合作。我跟他们建议，要搞渔港码头、渔业加工。更重要的是，要像巴基斯坦瓜达尔港那样，将之变成我们的军事基地。在和平时期，我们的军舰、商船可以在岛上做淡水、食物补给，还有燃料补给。因为汤加岛离夏威夷、关岛都很近，对于国家的军事战略而言，是很重要的地方。

航海日的设立非常有意义。当时我不知道审批的情况，北京媒体人最早知道，给我打电话说，听说你的关于设立国家航海日的提案，温总理已经批了。过了几天，我收到国务院法制办的提案答复，将每年7月11日郑和下西洋的日子，定为我们国家的航海日。在世界各地的海洋上，我国的航船全部要按照惯例，在这一天的12点拉汽笛予以庆祝。每一年，交通部都要在一个地方搞一次国家航海日的纪念活动。我以特邀代表的身份参加了一两次，感到非常有意义。

从这里，我又引申了一系列关于海洋经济、海洋文化的提案。改革开放30多年，我们国家在陆地上有很多发展，黄色产业发展很快，但是蓝色产业没太大发展，非常可惜。现在南海为什么矛盾那么深，越南占那么多岛，菲律宾占那么多岛，很大程度上是因为前几十年我们忽视了南海的开发跟利用。

紧接着，我提出了出台国家海岛法的提案、海洋开发的提案。我们总共有600多个海岛，开发比较好的有台湾岛、崇明岛、海南岛，但是很多岛还无人开发。我到过新加坡，很小的岛国，但是它有一个海岛专门搞石油化工，从中东进口原油，提炼柴油、汽油再出口。海岛旅游也很典型，比如西班牙在地中海有一个岛，是全世界有名的旅游胜地。倒是我们国家，大多集中在陆地上扩大航线，修机场，搞铁路，搞动车，搞高速公路，但是海洋客轮运输是一块短板。我到过北欧国家，海上游轮开动又平稳又休闲，避免了赶飞机、坐火车的拥堵现象。现在我们开始在沿海搞游艇码头，大城市如上海已经有了，但整体而言还是很缺。

北海市提出开一个会，主题是“一带一路的国家战略——北海机遇”。我给他们加了一点内容：企业家的发展思路。我去做主题演讲。北部湾的开发是我们忽略掉的。其实中国和东盟搞自贸区，可以把北海开发起来，不单是旅游，这里也是天然渔港，可以搞得非常好。进一步说，如果我们国家的6000多个海岛都能开发起来，可以为国家税收、GDP增加很多内容。后来，全国人大出台了《中华人民共和国海岛保护法》。

关于海洋经济，我们能想到水产养殖、滩涂养殖、深海养殖，发挥海洋牧场的作用，但是海洋生物的开发却忽略了。改革开放30多年来，群众的生活水平大幅度提高，得富贵病如高血压、糖尿病的很多。对深海的海洋生物进行深加工，搞保健品，能够有效防治这些毛病。更重要的是，海水中含有氢的同位素，氘和氚，这些物质提炼出来就是生产氢弹、搞核聚变非常好的资源。海水淡化，可以解决水资源缺乏的问题。所以我又提了很多提案。

比如，虽然南沙群岛、西沙群岛离大陆远，但是国家应该重视，因为可以搞海底石油、天然气开发。连东盟里很小的国家文莱，都在开发海底石油。文莱大使告诉我，文莱的人均年收入3万多美元，主要就是靠南海海底石油、天然气的开采。现在，我们也开始重视南海海底的石油、天然气开发。更重要的是，现在我们开始人工填岛，填岛建基地、航空港，否则这些地方离大陆太远了，动辄一两千公里，用船送燃料、供给食物，都需要很长时间才能送给驻岛的官兵，所以人工填岛是非常有意义的。在南海上的其他动作，我都提了相关的提案。

我分析了二战以来各国航空母舰的建设及作用后提出，我国也需要组建航母舰队。现在辽宁号航母已经正式服役了，还有航母在造，估计未来我们也会组建航母舰队。

关注民生，致力扶贫

现在，我正在结合中国扶贫开发协会的一个产业扶贫项目，动员浙江、福建一些有条件的企业家，到东盟国家或者远洋去投资搞基地，一方面能得到国家的“一带一路”基金以及相关政策的支持，另一方面我们也要走出去，帮助发展中国家。

克强总理在中国东盟高峰会上提出了一个扶贫工作国际化的问题，我觉得这个非常有意义。因为中国在扶贫开发工作方面走在世界前面，是联合国千年扶贫计划当中率先解决了贫困问题的国家。现在全国只剩下7000多万贫困人口，已经解决了1亿多人的贫困问题。当然，从现在到2020年全面建成小康社会，我们还要解决7000多万人的脱贫问题。

最近媒体对扶贫问题的报道很多。国家在贵州开了七个省市503个片区的七省省委书记、省长座谈会，明确提出：脱贫问题，党政一把手负全责，如果到了2020年这个节点，还解决不了本省的贫困问题，可能就地免职。这种措施的影响力是很大的。当年在福建省有一段时间，我参加省长办公会就能发现，那时候扶贫工作不太受重视。扶贫办主任在汇报扶贫工作时都是排在最后。第一个汇报的是金融口，第二个汇报的是外贸口，第三个汇报的是工业口，等等，最后才是扶贫口。如果这一次开会来不及汇报，省长就宣布，扶贫工作的汇报放在下一次吧。现在，据我了解，有些省的省委书记、省长都在下面的国家级贫困县挂点。所以，这一次扶贫会议意义重大：第一个提出来，党政一把手负全责；第二个很明确提出来，精准扶贫、精准脱贫。

过去发放扶贫款，有一点像撒胡椒面。开始每年国家财政拨款300多个亿，后来每年拨400多个亿，由国务院扶贫办分配到各省扶贫办，省再分配到市，市再分配到县。当时就出现一些挪用现象，也处理了一部分地方扶贫干部。但有的县的确是财政困难，贵州一个县欠银行30多个亿，工资都发不出来，上面扶贫款发下来，马上挪用了发工资。

但更重要的是，撒胡椒面，不管是穷人还是富人，每家每户分一头牛，或者分一头羊，能起什么作用呢？我们调研了，今年过去到了第二年，家里那头牛也没了，杀掉了或卖掉了。所以习总书记提出来，要搞精准扶贫。这个太重要了。每个村每个乡镇都要建档立户，哪个家庭贫困，贫困到什么程度，有几口人，需要什么项目扶贫，最后验收也是按档案上的记录去验收。这就比撒胡椒面好很多。

当年我还有一个提案，建议进行机构改革：国务院扶贫办现在是副部级机构，远远不能适应协调全国扶贫开发工作的需要，建议升格为正部级。

我们关注农村贫困工作这么多年，包括6100万留守儿童、留守老人问题，贫困地区贫富差距太大，影响社会的和谐稳定等问题。总书记说得非常对，到2020年全面建成小康社会，一个农民都不能落下，因此，要将扶贫开发工作进行战略上的转移。我专门建议，扶贫工作要从一般的输血式扶贫向造血式扶贫转移，这是第一。第二，如何从救灾救济式的扶贫，向产业扶贫项目转移。这就要给贫困人口出项目。

三峡水库移民，到现在遗留一大堆问题。这些移民搬进了新居，没工作，又找国家，每年国家财政给了不少钱，还是解决不了问题。我们在调研中也发现，国家拨了很多钱搞新农村建设，农民搬到新房子里，但是猪、鸡都养不了，也不能到地里种田，钱从哪里来？我们就需要找到解决问题的出路。

上一次我到湖北宜昌，看到有个地方搞中华鲟人工繁殖，养得非常好。更重要的是，他们创造了一个模式：农民盖房子搬了新居，地下室挖出来养中华鲟，底层一楼搞农家饭庄，要吃中华鲟鱼，可以现场捞。农民有一个发展的产业，可以安居乐业。所以说，总书记提出精准扶贫、精准脱贫是非常重要的，要把项目找准。现在我在中国扶贫开发协会工作，专门抓产业扶贫跟开发工作。为了适应这种新形势，我们又成立了一个二级委员会，叫产业扶贫委员会，专门选择比较好的定点扶贫项目，然后通过品牌效益、标准化模式，向国家级扶贫县复制，尽快地带动全民走富裕的道路。

小平同志作为改革开放的总设计师，提出让一部分人先富起来，然后全民走共同富裕的道路。目前部分人已经富起来，王健林等人属于全国最富的，如何动员这一部分人的积极性，让他们把选择好的项目，把贫困地区的经济发展搞起来。王健林很好，现在把贵州一个县城的扶贫工作包下来做。所以我向中央建议，要给有钱人一些激励机制。

过去人常说，石头扔在水里，也要有扑通一声。如果我帮五个十个大学生交了学费，培养他们。他们连封信也不写，我不知道他们学得怎么样，捐的钱用到哪里，我的心里肯定不舒服。有钱人也一样，他需要有激励有爱心去做慈善。我总在思考，我们能不能像香港那样，搞一些功勋制度，弄些勋章、荣誉称号，这样有钱人捐了钱以后，国家授予他一个荣誉称号。人们常说，富不过三代，我亲眼看到很多企业家去世后把产业传给儿子，儿子三四年管理不善就把企业卖掉了，还不如获得荣誉称号，把优良的作风、爱心的东西传下去。国家设立制度，让这些有钱人比如说王健林捐个三五十亿、一百个亿，授予他一个称号，以后孩子可以继承下去。他们就有做慈善的积极性了。国务院扶贫办主任刘永富说，单靠国家财政搞扶贫，一年一百亿还是杯水车薪，远水救不了近火。

2014年，国家将10月17日设为国家扶贫日，汪洋副总理又批了一个1017扶贫基金由我们协会代管。这是非常重要的，重要的是习总书记在几次会上都提出社会扶贫，就是要动员全社会力量，有钱出钱，有力出力，共同解决我们国家的贫困问题。我开玩笑说，我们2020年全面建成小康社会，把592个国家级贫困县的帽子摘了，农村的贫困问题解决了，国务院扶贫办就撤销了，中国扶贫开发协会也没存在的意义了，因为我们主要是针对农村扶贫。

城市的扶贫谁来关注呢？马云搞电子网购以后，很多服装店倒闭了，这些个体户怎么办，失业人员怎么解决就业问题？我建议中央成立一个富民办公室。老百姓要富，也需要解决城市的贫民问题。我们扶贫办到贫困地区调研，老百姓不喜欢听，你说富民他们高兴，富了还要富。我们国家的社会结构是金字塔型，王健林、马云这类人在金字塔塔尖，大多数老百姓还是处在金字塔塔底。国家已经决心构建一个像发达国家那种橄榄型的社会结构：两头尖，很富的人是少数，很穷的人也是少数。国家拨款，托底解决绝对扶贫的问题，让大多数人像西方国家的中产阶级，生活比较富裕，拥有小车，有住房，这样社会才和谐、稳定，这样的社会结构才合理。

我的提案秘诀：触类旁通

我们在调研当中发现，城市老百姓对很多问题反映比较强烈。比如，因为独生子女的关系，谁都不想读职业学校，导致这么多大学生毕业。很多家庭花二三十万元培养一个大学生，他们还要当啃老族。要成家了，丈母娘提出要房子、要汽车，如果没有，孩子怎么办？父母亲只能把养老的钱给自己的儿子买房子。我跟大学生做报告，提出这个问题，一是先成家后立业，一是先就业后择业，千万不能在家当啃老族，工资低一点、条件差一点，也要先就业，以后水往低处流、人往高处走，你再考虑择业，不要挑剔，到了最后还在家当啃老族。

我有一个提案，建议设立大学生培训村官机制，让一些大学生到村里当书记、村主任，以后就是乡镇干部、县处级干部的接班人，因为我到农村、部队农场锻炼过，感觉下乡很有好处，培养了自己吃苦耐劳的精神。现在的独生子女，很多都像小太阳。所以我连续呼吁，关注青少年的人格培养工程，让孩子们有一个健康的人格，碰到什么困难都不怕。我体会到，下放也好，农场锻炼也好，不管多么艰苦，挺过来就好。山重水复疑无路，柳暗花明又一村，挺过来又是一条好汉。后来五个部委出台文件，启动了青少年的人格健康教育，教育部、中国科协，还有我们扶贫开发协会、国家人口计生委、计划生育协会，五个部委出台文件。上海一个房地产公司在青岛用2000多亩地，搞了一个青少年人格工程的体验中心，从小就培养孩子们的品质。

我感觉在提案的过程中，很多东西可以融会贯通，由这个启发想到那个，或者说，触类旁通。譬如农民工问题，我长期关注。改革开放过程中，东部沿海招商引资，引进了很多加工型企业，需要大量的劳动力，中西部地区一些农民就离开原住地到东部来打工。当年叫作盲流。我感到称呼他们为盲流是不公正的。大城市没有这些农民工，家庭保姆、建设工人到哪里找？城市马上就瘫痪了。我在提案中认为，应该把他们看作社会主义建设者。

譬如说户籍制度改革，我多次呼吁，应该实行居住证制度加上身份证制度。身份证就是个人的身份证明，是中华人民共和国的公民；居住证呢，我在北京打工，有居住的地方，必须给我发居住证。如果我到了上海，上海就给我发居住证。这也就意味着人的居住权、生育权和教育权。现在的城市居民，义务教育搞得很好，但是农民工子弟怎么办呢？农民工子弟学校因为编制问题，进不了那么多学生，为什么不允许民间资金进入办学？刚开始还规定，非户籍人口不能在当地念书，考大学还得回原籍考，这都是不公平的。所以我又提案建议，国家继续改革开放，深入改革开放，解决农民工的住房问题、教育问题。

回忆我的人生，我自己感觉很精彩。在人民政协这个平台上，自己学到不少东西，也广交了很多朋友，过得非常充实。

建言献策　尽责履职

政协第九、十届全国委员会

【提案】

关于义乌发展小商品经济的建议案

义乌地处浙江中部，总面积1105平方公里，辖8镇5街道，本地户籍人口67万，外来暂住人口52万。义乌建县于秦嬴政二十五年，距今已有2224年，1988年撤县建市。改革开放以来，义乌坚持"兴商建市"发展战略，从传统农业小县跃升为经济强县。2000年，义乌经济社会发展综合水平列全国县市第20位，全省第4位。2002年，全市实现国内生产总值156亿元；完成财政收入16.6亿元，其中地方财政收入8.7亿元；农民人均年纯收入和城镇居民人均年纯收入分别达5688元和12741元；金融机构存款余额289亿元；小商品成交额230亿元；自营出口3.68亿美元。

发展小商品经济主要经验：

1. 商贸业成为主导产业。义乌目前经营小商品贸易面积达100万平方米，经营摊位4万余个，经营人员8万多人，汇集了28个大类10万多种商品，市场成交额连续11年位居全国榜首，并被国家质量技术监督局评为全国首家"重质量、守信用"市场。培育了以中国国际小商品博览会为龙头的会展经济，创办了30多个国内分市场和南非、乌克兰、澳洲等5个国外分市场，引进了4000余家国内外知名厂家设立总经销、总代理，开通了全国200多个大中城市的直达货运业务。市场的繁荣带动了区域经济的全面发展，目前一、二、三次产业的比重为5：9：6。

2. 工业经济实力日益增强。目前全市有工业企业1万余家，2001年实现工业总产值280亿元，构筑了“小商品、大产业，小企业、大集群”工业发展格局。“一区十二园”目前完成和正在开发的有35平方公里，进区企业达1150余家。培育了十二大优势产业，其中饰品产量占全国65%以上、袜业占35%以上、拉链占30%以上，“浪莎”袜业成为全国袜业的唯一中国驰名商标。启动了文化用品专业园区开发，并即将启动制笔、拉链、毛纺、化妆品等专业园区建设。

3. 效益农业稳步发展。农业结构不断优化，粮（食）经（济作物）比例为46：54。土地整理任务全面完成，建设了标准农田20万亩，土地流转率为35%。全市有160余家农业龙头企业，其中义乌农贸城为华东地区最大的农产品批发市场，2002年成交额15亿元；义乌国际花市为区域花木交易中心。大力发展订单农业、外向型农业和都市农业，引导工商企业开发农业面积2.8万亩，投资3.5亿多元，其中义乌农业经济开发区占地8平方公里，完成投资2.4亿元，成为义乌城区美丽的后花园。

4. 国际化日趋明显。60%以上的市场经商户从事外贸生意，产品销售到170多个国家和地区，市场外向度达50%以上。每天有5000多名外商常住义乌采购小商品，有500多名义乌商人在国外从事小商品批发，设立了海关、检验检疫、国际物流中心等涉外机构，义乌市场成为国际性小商品集散中心和外商采购基地。今年国家外经贸部主办的义乌博览会已升格为国际性展会，有105个国家和地区的5668名境外客商、近30个境外商务采购团参会，接待外商人数仅次于广交会和华交会。招商引资增幅显著，规划开发面积18平方公里的外商投资园区，首期开发2平方公里工业用地一经推出，即被外商抢购一空。

5. 加快城市化进程。制定建设国际性商贸城市的目标，修订了新一轮城市总体规划，大规模开展城市基础设施建设，建成了八都水库、绣湖广场、江滨绿廊、城市外环线、会展体育中心、新义乌中学、国际商贸城一期等一大批重点工程，目前中心城区建成区面积38平方公里，人口43万，城市化水平达55%。加强城市管理，大力实施拆违、治乱、绿化、亮丽工程，提升了城市品位。

6. 农村“五化”建设成效显著。认真贯彻浙江省委、省政府关于加快农业农村现代化建设的总体部署，每年安排2亿元资金和2000亩用地指标，实施以"卫生洁化、道路硬化、路灯亮化、家庭美化、环境优化"为主要内容的农村"五化"建设。以旧村改造、村庄整理、环境整冶三种类型，鼓励发展小区型、生态型、山水型村庄，分类推进农村"小五化'建设，目前启动实施旧村改造40个村、村庄整理34个村、环境整治80个村、下山脱贫8个村。

7. 经济社会协调发展。加强精神文明建设，努力创建学习型城市；在全国首开县市办大学的先河，创办了义乌工商学院；实现了全国双拥模范城"四连冠"，争创了全国科技工作先进市、全国文化工作先进市、全国体育工作先进市、浙江省首批教育强市，促进各项社会事业的全面发展。全面开展"三个代表"重要思想学习教育，建立了以"集中办公、充分授权、上下联动、全程代理、无休息日"为主要特点的"365"便民服务体系，优化了政府形象。目前，全市上下人心高度凝聚，形成了心齐、气顺、劲足、实干的良好发展氛围。

发展战略思考：

义乌提出大力实施国际化战略，发展国际性商贸城市宏伟目标。

1. 经济国际化。大力实施"外贸拉动、贸工联动、名牌带动、群众推动、政府促动"五动并举战略，做大做强国际商贸域，办好中国义乌国际小商品城，使之成为商品交易成本最低、信用最好、信息最灵、手段最新、服务最佳的国际性小商品流通中心。规划开发面积各100平方公里的义西南和义东北两大工业产业带，加快文化用品、化妆品等新的12个特色产业专业园区和标准厂房建设，加强招商引资工作，建设国际性小商品制造中心。大力推进科技创新，运用高新技术、现代信息技术改造小商品制造业，提高自主研发能力，建设国际性小商品研发中心。积极发展旅游购物，努力创建"信用市场"，建设国际性购物天堂。

2. 城市现代化。每年投入100亿元以上资金，加快现代化的物流中心、航空港、信息港、金融中心、城市交通体系、城市电网、给排水和防灾系统等城市基础设施建设，加快旧城改造和住宅小区开发，完善城市功能。大力实施城市精品工程，加强城市管理工作，建设绿色义乌，提高城市品位和美誉度。

3. 城乡一体化。每年投入2亿元财政资金和2000亩土地指标，加快城中村、镇中村、园中村、中心村的改造，逐步使全市所有村实现"卫生洁化、道路硬化、路灯亮化、家庭美化、环境优化"，促进农村向社区转变。大力培植以义乌农贸城、义乌国际花市为龙头的农贸市场和160家农业龙头企业，积极发展效益农业、都市农业，促进农业向企业转化。深入开展“市场带百村”活动，加大扶贫力度，加快下山脱贫步伐，促进农民向市民转移。

4. 社会文明化。加快信用义乌建设，全面提高社会文明程度。全面推进依法治市，加强外来人口管理，维护社会稳定。加快文化名城建设，开发建设规划面积6平方公里的国际文化中心，发展现代商贸文化，做大做强文化产业，扩大文化对外交流，优化城市人文环境。

5. 领导科学化。深化行政体制改革，完善市“365”便民服务体系，建设服务型政府。推进政务公开化，发展电子政务，推行党委、政府决策公示制、预告制和通报制，提高决策科学化。

建议与意见：

1. 实施人才发展战略，制定优惠政策吸引海外人才回国服务，吸引省外专家学者来义乌服务，鼓励民间资金筹办“义乌大学”。鼓励海内外大学、科研院所与本地企业合作筹办研发中心。

2. 制定优惠政策吸引外商来义乌投资、积极引进外资、引进先进设备、引进先进技术、引进管理经验，调整传统产业结构，发展高新技术产业。

3. 通过联合国南南合作渠道，实施企业“走出去”战略，鼓励民营企业到发展中国家办厂，利用当地土地、劳动力资源及原材料资源开拓国际市场，使义乌小商品经济实施国际化战略。

2003年

大力支持企业实施“走出去”战略案

联合国贸发会议最近发表的世界投资报告表明，中国截至2002年底累计海外投资达到350亿美元，比1995年年底的150亿美元增加200亿美元，因而认为，中国作为一个投资大国正在兴起。

进入21世纪以来，我国企业海外投资迅速扩大。据商务部统计，截至2003年11月底，经商务部批准的我国非金融类海外企业累计达到7438家，中方协议投资额110.78亿美元，其中2003年头11个月的投资额就达到17.38亿美元，同比增长92%。而且单项投资规模越来越大：截至2002年底，海外投资企业累计达6960家，中方协议投资总额达93.40亿美元，平均每家企业投资达134.20万美元。2002年当年达350家，中方协议投资总额达9.83亿美元，平均每家企业投资达280.86万美元。2003年头11个月达448家，投资总额达17.38亿美元，平均每家达387.95万美元。最大的投资目的地是亚洲，其次是北美，再次是非洲和南美，最后是欧洲，主要是中东欧。2002年和2003年两年开始连续出现我国大企业海外并购活动。中海油两年内先后购买印尼和澳大利亚泊气田部分股份，累计金额达到12.08亿美元。2003年，京东方收购韩国现代液晶显示株式会社，金额达3.8亿美元。安玻彩管收购位列世界500强的美国康宁彩管分部，上海海欣、上海制皂、TCL分别收购美国格利奴、美国莫泰克和德国施耐德电子，都是数百万和数千万美元的大手笔。这表明中国正在跻身全球化竞争。

与发达国家相比，我国海外投资存量还是很低的，截至2002年底，日本海外资产总存量达3.45万亿美元，美国达68912.51亿美元。我国只相当于日本的千分之一，美国的万分之五。全球跨国直接投资总额，2003年为6530亿美元。我国约占世界总额千分之八。大约相当于英法19世纪末开始大规模海外投资时的水平。

中国海外投资有四大类型。

绿地投资型

这种投资是指投入资金设立独资或合资子公司，在家电、电子、轻纺领域特别明显。

海尔在全球建立13家工厂，其中在美国和巴基斯坦建有工业园。TCL在越南建立年产50万台彩电生产线、30万台数码相机和电工产品生产线，总投资逾亿美元。格力在巴西（空调）、中兴在巴基斯坦（通信设备）等，都是显例。珠三角、长三角等经济发达地区，民营企业开始成批向海外投资。无锡市在15个国家和地区设立了27家企业，其中2003年就有6家，项目数和中方投资额均为历史之最。这类企业是母公司生产和销售的海外延伸。海尔海外设点固然是为了扩大生产和市场，但最主要的是形成全球品牌。因为如果企业限于国内，永远不能形成世界品牌。海外拓展也是为了资源开发。最突出的例子是中石油在苏丹数亿美元的大规模油田投资。它有力地促进了我国与东道国的能源合作。中信在美国和新西兰投资的林场也属于这一类。

跨国并购型

1. 资源开发：中海油采取的方式是购入东道国现成油气田股份。2002年斥资5.85亿美元从西班牙瑞普蒙公司手里购下其在印尼五块油田的部分权益，并成为印尼最大的海上石油生产商。同年8月以2.75亿美元购入印尼东固气田12.5%的权益。2003年5月15日又投资3.48亿美元购入澳大利亚西北大陆架天然气项目。中石油也收购了印尼部分油气田。

2. 生产与营销全球延伸：上海通用集团购入通用大宇10%的股份，走上国际化经营第一步。2002年9月19日，TCL以820万欧元收购破产拍卖的德国施耐德电子公司，连同“施耐德”和“DUAL”两个世界知名品牌，以及通讯、信息产品分销渠道和市场成为欧洲高端彩电主要生产商。上海海欣集团2002年4月购入美国格利奴（GLENOIT）公司在纽约的纺织分部，连同下属在南卡州和多伦多的两个面料厂，产能占北美三分之一。收购内容还包括格利奴原有全部销售渠道和46个知名品牌。

3. 逆向OEM：万向以280万美元购入纳斯达克濒临摘牌的美国汽车零

部件厂商UAI，后者则每年从万向购入2500万美元制动器，使万向成本降低30%—40%。

4. 获取技术：我国TET-LCD技术距国际先进水平有一定差距。京东方科技购入韩国现代液晶显示株式分社，是一举获得它的产品和技术的很好途径。

研究开发型

深圳华为海外研发机构涉及8个地区总部和32个分支。在硅谷、达拉斯、班加罗尔、斯德哥尔摩和莫斯科设立了研究所，同摩托罗拉、英特尔、微软、日电等成立联合实验室，申请国际和国外专利198项，是发展中国家企业最多的。华为作为中国驰名商标在86个国家和地区注册600多件次，受到《巴黎公约》和世贸组织保护。2003年，其交换机接入网全球销售2500多万线，连续三年全球出货量第一。这是通过海外研发获得国际先进自主知识产权和产品的成功案例。

战略联盟型

比跨国并购又复杂一层，通过同跨国公司的某方面联合，达到优势组合和跨国发展的目的。2003年11月，TCL同法国汤姆逊公司合并双方彩电和DVD业务，使彩电年销量达到1800万台，为全球第一，并占有世界市场10%的份额。TCL从而可以利用“汤姆逊”和“RCA”品牌下的制造中心。青岛啤酒公司宣布和世界最大啤酒厂商A-B公司（安海斯-布希）结成战略联盟。青啤向后者强制性发行可转让债券，在香港筹资14.16亿港币，同时利用后者的全球战略布局、技术、预算、管理，明显提升了青啤的品牌和核心竞争力。

建议与意见：

我国企业海外投资迅速扩大，除了与我国人均GDP达到1000美元有关以外，还与经济全球化和产业全球化的总趋势有关。以跨国公司为主要载体的社会扩大再生产过程以及相伴随的资源、商品、资金、人才流动，日益以世界市场为舞台，我国只有同样以世界市场为舞台，鼓励成千上万的企业实施“走出去”战略，才能在全球竞争中立足和发展。

1. 除资源开发外，鼓励制造业向发达国家投资。制造业应设在劳动力成本相对低廉的国家，正如发达国家制造业大量转入发展中国家特别是中国，我国境外加工主要也设在发展中国家。发达国家转出去的主要是低端制造，高端制造和核心产品仍在本国。发达国家是商品主要销售市场、技术的主要来源地，垄断了世界名牌。我们必须到发达国家中去。发达国家劳动力成本却高得多，但其劳动生产率也高得多。欧洲投资主要流向美国，而不是劳动力成本更低的拉美；尽管非洲劳动力成本更廉，美国海外投资仍然主要流向欧洲。外商对我国制造业投资主要集中在长三角和珠三角，尽管西部劳动力成本更低。发达国家有完善的法制和全球销售网络。海尔由于在美国投资生产，不断开发出美国市场最高端的酒柜产品，且迅速提升了自己的品牌。美国高科技公司集中的康州政府都在拉海尔设研发中心。如果仅在发展中国家设厂，不会有这么快的成果。实际上，美国特别是州地政府，非常鼓励外来投资，并提供一系列免费服务和许多优惠政策，有的比我国开发区还过之无不及。这些条件我们完全可以充分利用。

2. 鼓励跨国并购或股份投资。跨国股份投资或公司有价证券投资是当前发达国家投资的主要形式。2002年美国累计吸引的外资总量中，直接投资为25525.80亿美元，公司债券为13916.16亿美元，公司股票为14640.89亿美元，后两者合计28557.05亿美元，超过直接投资。今后世界跨国投资的主要形式将是股权置换、参股、控股、出售，或整个企业拍卖的形式。这样，在投资的同时获得了被购企业的产品、品牌、销售渠道和人才。我国企业已作出了努力并取得显著效果。在这方面，可以充分利用跨国投资银行和四大会计师行。世界跨国并购的咨询和运作，85%通过高盛、摩根斯坦利、美林、花旗、瑞士信贷第一波士顿银行等10大跨国投资银行。它们对同我国企业合作具有很大的兴趣。

3. 鼓励战略联盟。主要指同世界领先的跨国公司、实验室和大学结成战略联盟。战略联盟比跨国并购复杂。其形式的选择要看企业发展的需要和目标。其目的是优势互补，对于我国企业来说是获得用其他方式难以获得的市场准入、销售渠道、研发资源等。这方面也有很多机会，如纽约州立大学奥尔巴尼分校纳米技术中心有IBM、东京电器、西门子等窗口公司，该中心一再提出，希望同我国企业搞伙伴关系。

4. 建议国务院协调中央有关部门尽快出台配套政策。如：金融、知识产权、税收、出入境等方面鼓励、支持企业实施“走出去”发展战略。

2004年

关于加强防范房地产业风险的提案

近年以来，我国房地产业迎来发展的黄金周期，房地产市场持续快速发展。然而，国务院和银监会连续发文，强调严控钢铁、电解铝、水泥行业的盲目投资，许多在建工程受到重新审查的事实提示我们，有必要关注由于局部地区和部分城市出现了房地产过热现象，我国房地产行业面临的潜在风险问题。

一、房地产行业潜在风险的表现

虽然我国房地产市场需求基础扎实，未来几年的市场需求仍然很大，但在房地产市场快速发展的过程中，不容置疑也出现了潜在的风险，突出表现在以下方面：

一是房价持续上涨，潜在风险浮出。房地产供给方面的各项数据显示，今年投资、施工、竣工面积等增幅同比连续回落，商品房住宅价格则达到1996年以来的最高增幅。国家统计局对35个大中城市房地产市场调查显示，今年二季度，全国房屋销售价格比去年同期上涨10.4%，比一季度上涨2.3%，吸引了大量投资性购房，引发“炒楼花”。由于目前商品房的供应增速低于销售增速，如果房地产资金、土地供应持续跟不上，供求关系可能发生转变，问题会进一步严重。中国房地产协会副会长顾云昌认为，商品房需求高于供给的增速，可能导致供求关系进一步紧张，引发房价上涨过猛。如果目前的房地产土地供应速度继续明显下降，资金供应减少，将会进一步加大融资成本，并将项目的风险转到房价中去。

二是房地产市场中的结构性问题变得日益突出。由于开发商认为经济适用房利润率不高，所以开发积极性也不高，导致普通居民所需要的住房供应不足；而商业写字楼、高档住房、别墅供应依然增长较快。数据显示，今年1—7月商品住宅投资4111亿元，同比增长28.1%，低于办公楼投资同比31.5%、商业营业用房投资同比35.6%的增幅；同期，全国经济适用房完成投资292亿元，下降0.5%，近年来首次出现负增长；经济适用房占全部商品房的比重为4.8%，比去年同期下降1.4个百分点。

三是房地产业严重依赖银行资金。这是房地产发展中最严重的问题。在实际运作中，不少房地产商自己的投入很低，余下的资金基本上来自银行。有的开发项目前期靠施工单位垫资、中间靠银行开发贷款、后期靠个人按揭贷款。施工企业的钱，也大多来自银行贷款。因此，2003年6月，央行适时发布了《关于进一步加强房地产信贷业务管理的通知》，对开发商贷款、建筑业流动资金贷款、个人多套住房贷款和高档住房贷款实施了一系列调控措施，进一步规范房地产信贷市场发展，力图保持房地产金融业务的稳健发展势头。

二、房地产投资风险产生的内在原因

首先，由于房地产开发是周期长、风险大、预期报酬高、产业关联度大、对国民经济具有重要影响的投资行为，在房地产市场形势向好的情况下投资者容易放大对投资回报的预期，从而会有更多的资金投入房地产业，使整个产业的发展呈现加速态势，直至过热产生泡沫，即房地产价格持续攀升以至于严重偏离其价值和消费者的实际承受能力。因此，房地产业的高回报性使其天然地成为资本逐利的重要载体和主要战场，资本周期性的涌入退出又加大了房地产业的波动性，使房地产业比其他行业更易聚集风险。

其次，房地产融资渠道狭窄。房地产贷款大量增加的一个重要原因在于直接融资与间接融资比例严重失调，在资本市场缺位、货币市场短缺的情况下，企业融资渠道单一，不得不过分依赖银行贷款。直接融资渠道梗阻，银行融资在金融结构中占据相当的比例，意味着金融风险不断向银行聚集，从长期看这里蕴含着一定的通胀压力和新的不良贷款风险，既不利于社会资金的合理配置，也不利于防范和化解金融风险。

三、房地产风险防范的对策

1．重视住房市场的景气循环和周期分析。由于社会经济的发展体现为周期性运动，相应地，住房市场的发展也存在景气循环及周期特性。住房市场的发展要受到国家或城市的整体经济景气、人口变动、政策变化等因素的影响。不同国家、不同地方、不同时期、不同的市场环境都会使住房市场具有不同的特征，使住房价格出现相应波动。

2．调整房地产信贷结构，优化住房结构，扩大住房消费。在住房供应上，应建造面向不同阶层、不同消费水平的经济适用房和普通商品房，优化房地产结构，有效抑制房价的过快增长，更好地满足有能力购房者的购买需求。改变市场经营方式单一的局面，除允许有产权的微利房、商品房在市场出售外，也允许拥有不完全产权的房改房补足土地出让金后，在市场上重新标价出售或出租经营。降低税费，调整房屋交易转让过程中的税费比例，使买卖房屋的居民能够承受，以鼓励有经济实力且居住质量不断提高的居民以旧换新，扩大市场有效需求。

3．建立健全房地产贷款抵押担保体系。可借鉴美国住房市场管理经验，尽快建立国家、地方和民间三位一体的个人住房贷款担保体系，为个人抵押提供保险或保证，促进大批金融机构参与抵押贷款活动。同时，创新住房金融品种，加快住房抵押资产贷款证券化进程，创办房地产保险和信托业务、券质押贷款等新型业务品种，进一步分散和转移住房信贷风险。

4．在房地产开发项目中推行工程建设合同担保，对大型房地产开发项目（包括新建、改建、扩建的项目）的工程建设，在工程开工前推行担保制度，以降低工程风险、确保工程各方的权益，避免大型房地产开发项目的意外“夭折”。

5．金融机构要有客观的投资风险评价体制，正确地评估投资项目风险，即对贷款项目客观、有效地进行投资风险评价，在每笔贷款发放前掌握其风险度，有效防范贷款风险。如：对政府的形象工程、政绩工程等，能从政府的财力、信用、项目前景等方面论证其必要性、可行性，使贷款决策更具前瞻性、科学性、安全性。

2006年

关于加强煤炭产业发展的提案

煤炭是我国重要的能源支柱，近几年存在过度开发的现象。据统计，2000年我国煤炭产量为10亿吨，2005年增加到21.6亿吨，其中国有煤矿和地方煤矿各占一半。超能力、超强度开采现象普遍存在。全国重、特大矿难频发，引起政府高度重视和社会广泛关注。为了保证煤炭产业健康而安全发展，建议如下：

1．建议成立煤炭工业部，统筹管理全国大中小型煤矿，并制定相应法规，使我国煤炭产业发展，有法可依，有章可循。

2．对煤矿企业实行税收弹性管理制度。税率随煤炭价格浮动，煤价上涨时，调高税率；煤价下跌时，下调税率，保持企业适当利润，以防止企业主滥开采，掠夺资源。

3．实行煤炭资源有偿开采，煤炭资源属国家所有，矿主开矿时必须上交资源补偿税，国家将部分资源补偿税返还给当地政府，用于治理开矿遗留下来的生态破坏和环境污染。

4．实行煤矿工人最低工资保障制度。全国约有200多万煤矿工人，常年在井下作业，劳动强度高，风险大，不少井下一线矿工年工资不足一万元，家中生活困难，而且还有生命危险。为了防止矿主牟取暴利，可适当提高矿工基本工资，如以年收入2万元为起点，并设立劳动保障体系。

5．设立专项研发基金，研究开发煤炭开采设备、仪器和监测设备，淘汰落后、过时的开采工艺，以保障煤矿工人生命财产安全。

2006年

关于发展口岸经济、推动边疆建设的提案

去年，林嘉騋同志在新疆参加了联合国南南合作年会和大陆桥物流论坛，并考察了与中亚五国相邻的霍尔果斯、阿拉山口等口岸，感受很深。当地政府与少数民族地区的老百姓都有强烈的发展地方经济的愿望与紧迫感，希望中央能给边疆特殊政策，东部能够支援西部边疆的经济发展。中亚五国有丰富的石油、木材、钢铁、有色金属、煤等资源和能源，这是我国所缺少的；而中亚五国也急需我国的服装、鞋帽、食品等小商品和轻工产品，双方在口岸贸易中互补性强，各取所需，都有急迫需要。发展边疆经济是与我国进一步开放政策相一致的，但在考察中发现，目前我国的边疆口岸经济仍停留在原生态状态，贸易量小，以边境贸易为主，这赶不上我国经济发展的速度与水平；况且我国各边疆口岸政策五花八门，没有统一的政策。这些都制约了边疆经济的发展。

发展边疆经济有着重大的经济、政治和社会意义。表现在：

1. 为构建和谐社会奠定基础。边疆经济发展了，少数民族地区人民生活水平提高了，有利于我国多民族大家庭的和谐与团结。

2. 对我国的外交也有促进作用。在口岸贸易的过程中，与所接壤国家的人民友好往来增加，从经济合作进而发展到战略伙伴关系，有利于边疆的稳定与安全，无论从经济上还是政治上都有重大的现实意义。

为此建议：

1. 大陆桥沿线城市的合作延伸到国际上。大陆桥东起我国的连云港，西到荷兰的鹿特丹，沿线有100多个城市，在我国境内的有40多个。我国境内的40多个城市已结成同盟，但与中亚、欧洲的城市未形成合作关系。建议把这40多个城市的合作升格为100多个城市间的国际合作，充分发挥铁路的作用。东

西沿海的货物可通过大陆桥运达欧洲，节省了许多时间。

2. 建议中央出台口岸经济的政策法规，使之规范化、法制化，给边疆口岸以自由贸易区、出口保税区、出口加工区等优惠政策，吸引更多的投资者来此投资发展，促进边疆经济发展。

3. 建议建立长效机制，促进东部沿海地区与西部的合作，更有力度地推动沿海城市到边疆口岸城市投资发展。目前沿海与西部的投资合作大部分是自发行为，政府行为较少。通过建立长期的经济发展规划，形成机制，大力推动东部沿海城市来边疆地区投资发展，必将促进边疆经济的发展。

2007年

建议保护我国历史文化名城的提案

为了保护我国历史文化名城，国务院于1982年、1986年和1994年先后公布了三批全国99座具有重大历史、科学、艺术价值的国家历史文化名城。十多年来，我国在保护历史文化名城方面做了大量的工作，但也存在不少问题。由于城市规划及开发商的原因，一些历史文化名城遭到破坏，如福州三坊七巷被损坏、贵州遵义和浙江舟山定海老街区被拆毁，以及湖北襄樊的千年古城墙遭到毁坏，等等。为此建议：

1. 尽快出台《国家历史文化名城保护条例》，使历史文化名城保护法制化，规范化。

2. 仿照法国巴黎、英国伦敦及荷兰阿姆斯特丹等世界大城市的做法，在城区建筑及街道方面，主要以保持历史原貌为主，加以修复，那些拥有历史文化古迹的区域更应如此。为了适应现代化的城市发展需要，可在郊区规划新城区，建设现代化的高楼大厦，形成卫星城。

3. 建议对99座历史文化名城进行全面复查，够条件的可申报联合国“世界自然与文化遗产”，加以重点保护，受到严重破坏的要及时进行抢救。

4. 建议中央电视台加大宣传力度，设专栏宣传99座历史文化名城，提高每个公民保护历史文化名城的责任意识。

5. 结合宣传，推出“历史文化名城游”，促进旅游产业发展，给当地经济发展注入新的活力。

2000年

关于尽快加大对我国境内世界自然文化遗产保护立法工作的提案

近几年，我国不少旅游景区先后被联合国列入《世界自然与文化遗产目录》，如：福建武夷山、安徽黄山被评上联合国“世界自然与文化遗产”，湖南张家界，四川九寨沟、黄龙等地被评上“世界自然遗产”。随着我国经济发展，人民生活水平提高，旅游产业迅速发展起来，我国悠久文化历史及秀美自然风光正吸引成千上万的国内外游客。1972年联合国教科文组织通过《保护世界文化与自然遗产公约》，目的是联合全世界力量来保护文化与自然遗产的真实性和完整性，使之世代相传，永续利用。其保护目的是维护自然真实性、不加任何人工雕琢，严禁借开发之名，破坏文化自然遗产的真实性和完整性。但在我国这类破坏行为不并少见：张家界风景区搭盖“天桥”，供游客登上山峰观览；黄山景区宾馆林立，索道横行，大量人工建筑物遍布景区；九寨沟与黄龙景区因游客超载，水资源被破坏，彩色钙华梯田个别地方出现干枯现象。

为此，紧急呼吁，迅速立法，加大对我国境内的世界遗产保护。中央及地方有关媒体加大监督力度，对破坏自然、文化遗产行为曝光。对借开发之名，破坏联合国世界自然与文化遗产的当事人，应依法惩处。

2003年

关于弘扬泉州"海上丝绸之路"文化的建议案

福建泉州是个文化积淀丰富的历史文化名城，也是历史上著名的"海上丝绸之路"港口城市，相传马可·波罗曾经到访这一城市。这里至今还保留众多的历史古迹，民间也流传着许多动人故事。世界上所有宗教，如佛教、道教、天主教、基督教、伊斯兰教……均可在古城内找到踪影，东西方文化在这里水乳交融，不同民族文化互相渗透。拥有不同宗教信仰、不同民族文化的人民群众和睦相处，居住在一起，体现了极大的认同性和包容性。

为此建议：

1. 向联合国教科文组织递交申请，申报泉州古城成为联合国的"世界文化遗产"。

2. 组织专人，投入资金拍摄大型电视连续剧和大型音乐舞蹈史诗，弘扬泉州"海上丝绸之路"文化特色，体现东西方文化交流及宗教、民族文化认同性和包容性。在当今世界宗教、民族矛盾激化，恐怖行为横行的情况下，泉州文化特色可以作为一个样板向联合国教科文组织推荐，向各国推广。

2004年

采取切实措施，解决大学毕业生就业问题案

据了解，2004年有高校毕业生280万人，比2003年净增68万人，加上过去数年未能就业的一部分毕业生沉淀到下一年度竞争就业岗位，2004年全国实际需要就业的普通高校毕业生有可能突破300万人。同时，从全国的就业形势看，劳动力总量供大于求的局面长期存在；下岗失业人员数量居高不下，结构性矛盾将更加突出；农村富余劳动力转移规模加大，等等，都加剧了毕业生就业的压力和难度。

1. 当前高校毕业生就业难问题，除了宏观就业形势方面的原因外，暴露的是高等教育的质量、结构和高等学校的体制机制甚至是组织机构不适应社会主义市场经济体制要求的多方面问题。可以说，在市场经济体制条件下，高等教育的核心问题是人才培养的结构问题。就要进行制度创新。从培养质量和培养模式上看，过去我们主要强调的是学科标准、教师主导、静态评估，对实际能力重视不够，使学生难以适应生产力的发展变化和科学技术的不断进步；从学科结构上看，专业划分、招生结构和教学组织长期沿用计划经济的办法，缺乏适应性和弹性；从高等教育总体上看，不少学校缺乏明确的定位，重培养轻就业，重管理轻服务，重内部轻外部，难以适应市场经济的变化。只有加快高等教育的改革和创新，才能从根本上解决毕业生就业问题。

2. 要以就业为导向，转变高等学校的办学指导思想。高等学校必须树立新的人才观。要成为人才，就要能就业、创业，并且有能力创造出多于未受过高等教育的劳动者创造的社会财富。这是市场经济体制条件下必须确立的人才观。高等学校要树立新的发展观。高校必须把满足社会需求作为发展的动力，满足社会需求包括科研创新、科技成果产业化，但最基本的还是通过人才培养

促进就业和提高就业水平。毕业生在就业市场上有竞争力，学校的社会声誉就好，生源就更好，各方面的投资就更多，学校的发展就更快。

3. 改变毕业生就业观念，我们要从帮助学生树立正确的世界观、人生观、价值观、职业观的角度，有针对性地对学生加强毕业、就业、创业教育。进一步帮助学生正确认识自身和社会需求的关系，自觉主动地到基层去、到艰苦的地区和行业去就业、创业。要增强毕业生的创业意识，帮助毕业生认识到社会上有许多创业的机会和有利条件，鼓励毕业生自主创业。

4. 要加强就业指导，加强就业指导机构和队伍建设，建立一支专兼职相结合的强有力的就业指导队伍和机构。为毕业生就业提供就业信息、开辟就业渠道，进行就业指导等。

2004年

关于大力发展职业教育、重视技术人才培养的提案

据调查，我国技术工人供不应求的现象普遍存在，尤其是高技能人才短缺。对40个城市技工抽样调查表明，技师、高级技师仅占全部技工比例的4%，而企业需求比例为14%，供求存在较大差距。在制造业发达的苏南、东北三省地区，高级技工短缺更为严重。技工短缺的原因，首先在于我国教育体制问题，长期以来，重学历教育，轻职业教育。其次，企业对员工培训投入严重不足，长期以来，重使用，轻培训。最后，社会上缺乏“人才评价、激励和流动机制”。没有建立以职业能力为导向、以工作业绩为重点、注重职业道德和职业知识水平的技能人才评价体系，调动不了技术工人的积极性。

建议：

1. 多渠道筹集资金，建立国家、企业和劳动者共同参与的技能人才培训机制。大力推行学历文凭和职业资格证书并重制度。

2. 把职业教育、培训、提高劳动者素质与实施农村劳动力向城市转移结合起来，与解决我国三农问题、最终实施奔小康发展战略结合起来。

3. 企业普遍实行先培训后就业、先培训后上岗的制度，企业与行业协会都要积极参与技能人才培训工作。

4. 尽快出台《职业技术培训考核条例》，使各行业职业技术培训制度化、规范化与法制化。

2005年

加强对国民爱国主义教育建设、设立“国耻日”的提案

为了纪念抗日战争胜利60周年，加强对国民进行爱国主义教育，建议中央有关部门设立“国耻日”，具体时间待定，如七七事变，或“12·13”南京大屠杀日，或是九一八事变纪念日，可交全民讨论。确定一年一度“国耻日”的目的，是让子孙万代勿忘历史，珍惜今天来之不易的美好时光。

建议：

1. 借鉴新加坡、香港地区做法，设立“蜡像馆”“博物馆”，电视台定期转播历史资料片，使老百姓不忘历史。

2. 由国家旅游局牵头，组织历史学家和文物学家，在全国范围内挖掘、抢救一些抗战遗址及史料，既有关于国民党正面战场抗战的，又有关于中共领导的敌后抗战的，如平型关战役、台儿庄战役、冀中地道战、微山湖铁道游击队战等。抗战重点城市可设立蜡像馆、抗战历史博物馆并征集史料，供游人参观。

3. 结合启动“红色旅游工程”，把纪念抗战胜利活动和“国耻日”纪念活动结合起来。

4. 开发生产与抗战史迹相关的旅游工艺品，把旅游产业与发展地方经济、脱贫致富结合起来。

2005年

关于取消一次性消费品，实施可持续发展战略的建议案

改革开放以来，随着我国经济发展，人民生活水平提高，大手大脚浪费现象十分普遍，如，饭店使用一次性筷子、一次性快餐盒，宾馆里使用一次性牙刷、牙膏、梳子、肥皂、沐浴液、拖鞋等一次性消费品比比皆是。不但浪费宝贵的自然资源如木材、塑料等，而且制造许多生活垃圾。与国外相比，同一星级宾馆，我国的硬件条件比国外好，资源浪费比国外严重。不少国家宾馆不提供一次性消费品。

为此建议：

1. 取消一次性用品，提倡勤俭节约，重复使用。

2. 宾馆改善软件环境，提高服务质量，取消一次性消费品，提倡旅客自带卫生洁具，降低住房费用，降低宾馆经营成本。

2003年

关于保护闽江生态环境的提案

据有关部门报道，2004年1—9月闽江流域1—3类水质比例仅为81.6%，比2001年的96.3%下降近15个百分点。造成水质下降的原因是多方面的：

1. 闽江流域畜禽养殖业大发展，仅存栏数100头以上的生猪养殖场大约有482个，产生污水未经处理直接排放至闽江。

2. 日排10吨以上废水的工业排污口有676个，重污染小企业（小水泥厂、小纸厂、小化工厂、小农药厂）又死灰复燃。

3. 星罗棋布的小水电厂造成河流自净能力下降。仅南平市范围内，已建、在建和拟建小水电站就有183个，其中大部分未经专家评估和环保部门审批。

为此建议：

1. 立即停止破坏生态环境的小水电站建设。

2. 严格规定，要求畜禽养殖场污水必须经处理后排放。方法包括，建造沼气池、畜便处理池，以及转化为有机肥，变废为宝。

3. 严重污染闽江水质的小企业限令关停。

4. 停止关于闽江水的“北水南调”计划，加强决策科学化、民主化。

2005年

关于电子产品资源可循环利用的提案

我国家电产品在20世纪80年代初经历一次销售高峰，至今已20多年，家电使用已超过设计寿命期，目前正步入更新换代时期。据测算，我国每年报废电冰箱400万台，洗衣机600万台，电视机500万台，电脑500万台，手机1000万部以上。

废旧家电产品对环境污染主要如下：

1. 废旧家电中含有多种对人体有害的重金属，处理不当，重金属将长期滞留在土地中，破坏生态环境，并通过食物链进入人体，损害健康。

2. 勉强使用超期服役的家电产品，会造成电力浪费和噪声干扰。

3. 家电产品中大多含有金、银、铂、铜等贵重金属，一些个人或小企业为了回收贵重金属采取落后的酸泡、火烧工艺提炼，产生大量废气、废水和废渣，从而污染环境。

为此建议：

1. 根据循环经济和构建节约型社会要求，应大力回收和循环利用废旧家电和电子产品，建议国家发改委、信息产业部联合出台相应法规，使回收利用工作有法可依，有章可循。

2. 建议每省建立一座回收循环利用废旧家电、电子产品的工厂，采用先进工艺回收重金属及其他可再生辅料，同时做好废水、废气、废料排放和降解。

3. 鼓励民间资金和外资进入这一利国利民行业，国家财政适当补助或税收给予一定优惠。科技部可立项资助。

4. 坚决取缔小企业使用落后工艺技术回收废旧家电及电子产品中的贵重金属及相关原料。

2006年

关于大力推广节能建筑的提案

建筑业是耗能大户，据统计，1992年建筑耗能才占全社会能耗的15%，2000年这一比例提高到27%，去年仅建筑运行用能所占比例就达30%左右。当前，我国正处于房屋建筑的高峰时期，建筑速度之快，规模之大，可谓前所未有，如果不改变建筑业的粗放型增长，到2020年建筑耗能比例可能进一步升至40%，超过工业、交通、农业等其他行业，居能源消耗之首。建筑高耗能现象已经引起政府的重视，国家已经出台了多项措施来限制建筑耗能，并且即将出台《建筑节能管理条例》。

建设部要求，到2010年，全国城镇新建建筑实现节能50%，新建建筑对不可再生资源的总消耗比现在下降10%；到2020年，北方和沿海经济发达地区和特大城市新建建筑实现节能65%。今后，不仅新建筑必须实行节能50%的标准，老建筑也要逐步进行节能改造。

一、建筑节能技术和产品市场面临的挑战

以往，由于国家对建筑节能技术创新、技术进步支持力度不够，正在起步发展中的我国建筑节能产业，起点低，技术水平不高，创新能力弱，缺乏成熟的技术和质量合格、数量足够的产品。专家介绍，国内现有的建筑节能墙体如加气、粉煤灰砌块保温节能多乳性墙体材料，抹灰容易开裂，造成墙体渗漏，目前尚无好的解决办法。如果采用国外先进的技术和产品，成本和支出要增加很多，影响节能建筑的大面积推广。同时，国外有些节能建筑材料来到中国后，出现“水土不服”的现象。如在德国黏合度很好的外墙保温材料，引入到上海后，在潮湿多雨的黄梅天其黏合度却

大大降低。所以，开发具有自主知识产权且适合我国国情的建筑节能技术和产品，成了当务之急。

二、建筑节能技术和产品市场蕴藏巨大商机

我国人口众多，人居环境改善需求很大，单就既有建筑节能改造分析，全国现有400亿平方米房屋建筑面积，95%以上都是高耗能的，其中约130多亿平方米需要进行节能改造。如果按照每平方米改造费用为100—150元计算，130亿平方米的节能改造费用将近2万亿元。这将给建筑房地产业带来无限商机。表现在：一是研制与生产达到节能规范要求的保温隔热外墙及新型墙材；二是生产达到各种节能规范要求的节能门窗与玻璃幕墙，如断热铝合金窗、双层窗、塑钢窗、热反射玻璃窗、Low-E玻璃窗、Low-E玻璃幕墙、双通道幕墙、通风式幕墙等；三是研制与生产建筑外遮阳设施。现阶段，生产建筑外遮阳设施的国内企业很少，且水平与规模较低；四是研制建筑节能设备。包括节能空调设备、照明设施、太阳能热水系统、热泵热水系统、变频设备、自动控制系统等。

三、抓住推进建筑节能带来的商机

1. 制定研发生产规划，加强技术创新与技术进步。创新是产业发展、生产率增长的基本推动力，实现自主创新，拥有自主知识产权，走节能技术本土化和国产化的道路，可以摆脱在节能技术和产品方面依赖代价高昂的进口和受制于人的局面，从而在市场上占据优势地位。当前，应把加强技术创新与技术进步摆在首要地位，对我国现有的建筑节能技术和生产企业的状况展开全面调研，通过分析论证，发挥传统优势，攻克关键技术，制定研发生产规划，增强原始创新、集成创新和引进消化吸收再创新的能力，培育具有自主知识产权的高新技术产业群，推动新型节能墙材、节能设备等朝技术化、产业化方向发展。

2. 加大财政扶持力度，引导多元投资机制。政府应制定经济激励措施，鼓励多方投资，共同出力，形成“政府引导，企业主体，社会补充”的科技创新投入机制。如借鉴国内外成功经验和模式，设立建筑节能政府基金，用于建筑节能的技术调研、科研开发、试点示范；把建筑节能产业的自主创新作为扶持的重

点，通过贴息、减免税收等优惠政策，为企业自主创新提供良好的条件等。

3. 实行认证和标识，规范建筑节能产品市场。政府应制定和实施超前性能效标准，鼓励和提倡建筑节能科研和生产企业进行质量认证和环保认证，同时提高检测鉴定技术水平，建立技术标准，对节能产品的节能参数、环保参数进行认定和标识，发布、推荐使用建筑节能技术、产品、设备目录，规范节能产品的市场准入条件，培育节能建材产品市场，促进节能产业健康有序发展。

4. 提高住宅科技含量，以点带面地推广环保舒适的节能建筑。目前国内市场楼盘，从千余元的经济适用房到数万元的CBD豪宅，虽然地段优势、景观环境、装修标准等方面差别明显，但核心的节能技术却没有什么差别。节能住宅正成为国内地产界关注的热点，也逐渐得到消费者的青睐。在2005年建设部组织的建筑节能问卷调查中，有80%以上的居民对建筑节能持支持态度。随着消费者对节能建筑认识的提高，节能建筑也会受到开发商的欢迎。政府应通过成功建设若干示范工程，以点带面，逐步推广高科技含量的节能建筑，让环保舒适的建筑节能惠泽广大普通百姓。

5. 开发新能源。“十一五”期间，我国能源结构将大幅调整，太阳能取之不尽，用之不竭，应用前景最为广阔，是新能源开发应用的重点。目前技术最成熟、最具实用价值的当数太阳能热水器。在沈阳、延吉、珲春，甚至是地处中朝边界的偏远的图们市，太阳能热水器的应用都很普遍。虽然东北冬季室外温度低至零下二三十度，散热快且易冻裂，使用太阳能热水器并没有突出的优势，但是利用的人却越来越多。国内还有许多地区，尤其是南方城市，虽然太阳辐射量丰富，气候、日照条件要比东北地区好得多，太阳能热水器的应用比例却很小。业内人士估计，未来太阳能热水器的销量，全国将年增30%左右，仅深圳市场未来3—5年内就有20亿元左右的商机。制约太阳能热水器普及的因素主要是：既有建筑设计时，未考虑太阳能热水器的摆放位置；品牌太多，鱼龙混杂，消费者担心质量得不到保证；太阳能热水器销量少，业务量不大，在许多城市无法设立专门服务机构，售后服务不能保证。太阳能利用不仅有良好的生态效益、社会效益，而且有很好的经济效益：一是对新建建筑要求将太阳能使用与建筑一体化纳入设计并同步施工，否则不得通过建筑节能专项验收；二是打造优质品牌，对具有研发、生产、服务一体化能力的太阳能热水器的企业，给予技术和资金上的扶持，发挥其引领示范作用；三是对通过技术认证、标识等手段淘汰部分劣质品牌和产品。

6. 推动小区中水回用。带动相关产业发展中水回用，具有实在的经济效益。生活污水回用处理的成本约每吨0.35元，加上设备折旧费，顶多每吨1元，而自来水价是每吨2.8元。如果都用中水代替自来水进行冲厕、浇花，长期下来，能为居民省下一笔不小的自来水费。只要回用技术过关，水质能达标，居民没有理由拒绝使用中水。目前已有北京、天津、大连、青岛、西安等十几个大中型城市在工业用水成功回用的基础上，启动中水进入居民小区的试点工作。可是，还有更多的城市在小区中水回用方面未有先例，这块市场还蕴藏着巨大的发展空间。建议尽快制定小区中水回用的相关政策，并辅以经济激励措施，促进小区中水回用由试点向普及应用推进，带动污水处理技术、膜生物反应器等相关技术和产业的进一步创新发展。

7. 逐步取消毛坯房，出售节能成品房。毛坯房是我国特定历史时期的产物。在实行住房制度改革之前，住宅基本上是国家建、集体分、个人住，由于建设资金有限，一般住宅只进行了低水平的装修或基本没装修。实行住房制度改革后，商品房基本上还沿用了毛坯房的形式，居民入住前一般都要重新装修。毛坯房的弊端很多。一是家庭装修造成巨大浪费。据统计，2005年我国的室内装饰装修市场突破6500亿元，目前我国每年有装修需求的新房超过3000万套，每年因装修造成的材料、能源等浪费达300多亿元。二是随意拆改建筑结构、野蛮施工等违法违规现象增多，直接危及建筑物的防火、防水、抗震等性能，带来噪音污染和废弃建筑垃圾污染，造成邻里矛盾；三是小规模、手工作业的装修施工严重影响了中国商品房的产业化进程，严重制约着家装行业水平的提高；四是老百姓买材料、交付装修费不要发票，建材商、小规模装修单位也就不用纳税，大量商品的增值税、营业税因此漏失。相比之下，成品房省时、省力、省钱，不但可以节约社会资源，还极大地减少了装修时的噪音污染和废弃建筑垃圾污染，减少邻里矛盾等，成品房将会成为未来房地产市场发展的趋势。北京、上海等城市已先后宣布将“取消毛坯房”，同时建设部等八部委也明确提出：中国的商品房开发商今后不再出售毛坯房，而是将住宅一次性装修到位，作为成品房提供给消费者。

为此建议，作为政府投资兴建的保障性住房（包括租赁房和经济适用房），应率先建成优质成品房；同时，成品房是落实建筑节能的一项有效措施，开发成品房体现了开发商的深度服务精神和良好的社会责任感，应对勇于创新、带头开发建设优质成品房的开发商给予经济上的鼓励。

2007年

关于闽台农业合作交流的提案

建立现代化农业经营体系，以企业化经营理念、高效率的生产技术、安全而符合环保的经营方式、最快速而便捷的运销体系，提供安全而品质优良的农产品，提高市场竞争力，建立与自然界共存互补的生态环境，是台湾农业发展的目标。目前台湾农业已形成一套比较完善的，以市场为导向的农、工、贸、技有机结合的农业经营管理体系和运行机制。

1. 农业管理和科技教育机构比较齐全。分管农业的行政管理机构有“科委会”“农委会”“农林厅”“林务局”“粮食局”“渔业局”“水土保持局”“水利局”和“农村航空测量所”等相关部门。台湾研究院动植物研究所为台湾重点学术、基础研究场所。与农业相关的大专院校有台大农学院、中兴大学农理学院、海洋大学、中山大学海洋研究院、东海大学农学院、文化大学农学院、嘉义农专、宜兰农工专科学校等。专门的农业研究院所有农业、林业、水产、畜牧、农药、毒物等试验所，生物研究保育中心，茶业改良场，农林厅种苗改良繁殖场等18大类农业机构。公营事业单位及财团法人研究所有农业工程研究中心、生物技术开发中心、农机化研究中心等11个。国际科研机构有亚洲蔬菜发展研究中心和粮食肥料技术研究中心。

2. 开展农业技术推广工作有章可循。1965年出台《农业推广实施办法》，由“农委会”“农林厅”和各级行政管理机构等督导农业技术推广工作，进行农业技术成果推广和指导。由民间组织、各级农会及村农事小组直接对农户农民开展农业技术推广。其农业科技发展有三个特点：一是教育、科研、推广三结合；二是科研、生产、消费三结合。农业科技立项主要来自市场需求，并以应用技术研究为主，其成果转化率高达72%；三是经费来源于政府、农会、企业三结合。一般说来政府拨款占大头，各级农会及企业给予适当扶持。早期农业科技发展主要是从海外引进、推广新品种，普及先进技术，促进稳产、高产。20世纪70年代初至80年代中期是农业转轨期，引导农民以市场为导向，拓展生产经营领域和建立完整运销体系。80年代中期以后，在经济全球化的影响下，农业面临国际化、自由化激烈竞争，高新技术进入农业科技。1987年，出台《农业科技资讯推广应用系统》计划，在农业推广资讯自动化实施上分为个人电脑推广及电脑资讯网络推广，并开发五大资料库：（1）农产品市场资讯：含每日交易状况、数量、价格；（2）农产品农情资讯：收集五大类80种农产品；以往五年生产概况、平均价格、生产成本及粗收益等；（3）农业经济：含国际农情资讯、产销动态、进出口数量、价格波动等；（4）科技新知：含各地农业科技研究成果；（5）植保资讯：含害虫防治、农药基本资讯、法规、病虫害预警系统等。并建立全岛性推广资讯网络。

3. 以农会为主体的农业社会化服务体系比较完善。各级都设有农会，农会设理事会、监事会、农事小组，成员均由会员选举产生。聘任一名总干事，下设总务股、会计股、研稽股、推广股、信用部、供销部和保险部。推广股负责指导农业生产、推广农业技术、指导农民和文化福利事业等。信用部主要运行金融存贷业务。供销部主要营销农产品、畜产品、生产资料或饲料等。保险部负责农民健康保险及全民健康、老年农民福利。各级农会通过民主选举产生，总干事由理事会聘任，可以解聘。由于具有多功能，可以做到优势互补，农业推广与保险赔钱，供销与信用则赚钱。农会为农民提供完善的资讯系统，为家庭农场提供讯息服务。其农业社会化服务体系以农会为主体，其服务范围为：技术指导、推广及转化、生资供应、产品贮运销售、信贷保险等。农会实行自下而上、跨行政区域建制组建自己的联合组织，实行自愿结合、自主经营、自我管理，坚持为农户服务为宗旨，不以盈利为目的。

4. 依照有关规定建立现代化农产品批发市场。为了规范农产品运销行为、调节供需，促进公平交易，出台《农产品市场交易法》，对农产品、批发市场、农民、农民团体、供应人、承销人、贩运商、零售商、批发商、农产品生产企业等定义做了明确规定，对农民团体办理共同运销方式、主管机关、必需费用、土地使用《视农业用地》以及税收《免征印花税和营业税》也有明确规定。按照规定精神，对新鲜、易腐烂农产品如花卉、果蔬、肉品和鱼货等建立运行规范的现代化农产品批发市场。以花卉批发市场为例：在台北、台中、彰化和台南分别建有大型花卉批发市场，担负全台湾花卉产品集中、均衡和分散的运销任务。供应人和承销商是批发市场营运的主力。供应人是向批发市场供应花卉者，一般由农民、农民团体、花卉生产企业、贩运商等组成。承销商是向批发市场购买花卉者，大多由花卉零售商、批发商、贩运商、出口商及花卉大消费户组成。花卉批发市场作业流程为进货作业、理货作业、验货作业、拍卖作业、分货作业、提货作业、行情报导和汇款作业。批发市场依其场地大小和作业方式，制定作业流程规定。进货花卉按质量好坏验货分级。符合定量包装规定，并填妥进货明细表，始能将同种花卉按质量特、优、良次序拍卖，不良花卉延后拍卖，按货车到货先后次序拍卖。成交后由承销商提货运出。交易结束后将当日行情传真到主要产地供花农参考，并设语音行情专线查询，以方便花农得知行情讯息。台南农产品综合市场创立于1994年，占地面积119,895平方米，建筑面积13,618平方米，由台南农会经营，专门经营鲜切花。该批发市场拍卖会交易采用先进的荷兰式电脑钟进行，有助于提高运销决价效率，并使花卉拍卖价格更能反映市场价。

5. 农作物农药残留监测、管理规范化。为达到农产品的高品质和食用安全卫生，加强对农药管理和对农民进行防治病虫害技术培训，积极开发生物防治技术，发展综合防治技术，并引进低毒、残留期短的农药供果蔬使用。对易发生残留农药的果蔬制定一套安全标准，从田间到市场分级监测和管制；产地进入农药残留总量速测，进入批发市场前进行抽样快速检测；确定安全后方能销售。岛内63个果蔬批发市场，均设有农药残留量快速检验室。如果检出农药残留超标，则送当地卫生部门进一步检测，确认具体超标数，同时追究业者法律责任，重者判刑。岛内建立果蔬安全用药规章制度，辅导农户安全使用农药，经评审合格者发给“吉园围”标章，确保食用安全。

参考台湾农业产业化的有关经验，结合福建省实际情况，现提出如下建议：

1. 有关部门尽快出台推动闽台合作发展农业的政策与法规，使农业发展有章可循、有法可依，逐步与国际惯例接轨。

2. 建立农业科技人才激励机制，为他们提供发挥聪明才智的舞台，鼓励农业科技人员与农民结合，创办股份制企业，发展种养殖业、农副产品加工业、生态农业及观光农业，发展为农业服务的各种口介咨询服务机构，鼓励农业科技人员及农民成为现代农场主和企业家。

3. 鼓励城市下岗职工、居民与大中专毕业生到农村创业，到城市郊区发展卫星城镇，发展农业与第三产业。

4. 大力支持农村成立以农会或同业公会为主体的农业社会化服务体系，把农民组织起来，开展技术培训、技术推广、农副产品加工、营销、运输、信贷、保险和医疗服务。

5. 鼓励闽台企业家利用民间资金发展农业，以"公司加农户"模式把农民组织起来，发展生产，逐步做到科工农贸一体化。

6. 选择条件好的地区，组建农副产品批发市场或拍卖市场，逐步形成产、供、销一条龙服务，解决农民卖粮难、卖菜难、卖果难的矛盾。

7. 鼓励发展绿色食品，推广使用农家肥和生物治虫，减少农副产品污染。农副产品市场应设立农药残留量快速检测室，凡是进入批发市场的农副产品均应检测，确定安全后，方能发给销售许可证。

8. 办好台湾农民创业园。台湾现有农民72万户，367万人，他们掌握先进栽培技术、优良品种和丰富管理经验，是台湾农业的中坚力量，我省福清、漳浦两地创办"台湾农民创业园"应成为台湾农民创业平台、两岸农业科技交流平台，为台湾农民提供宽松的发展环境与空间，成为台农创业家园。

9. 创建闽台农业科技创业园，闽台农业科技、教育各有所长，台湾在园艺作物育种栽培、水产养殖、动物营养研究、农产品加工保鲜、坡地农业机械化、农业科技推广等方面具有优势。福建在水稻杂交育种、高产栽培、生物防治、生物工程开发、贝藻类养殖、野生牧草筛选等方面具有优势，闽台优势互补，相得益彰。

10. 建立闽台农业科技交流合作基金，组建闽台农业科技合作交流培训中心，聘请台湾农业专家培训技术农民。加快对台湾农业良种与栽培技术的研究消化、中试及推广，加快示范基地发展。闽台合作组建农业技术服务队，负责生产经营指导及技术咨询、培训，提高农业科技成果转化率。

11. 充分发挥福建农业社团组织作用与台湾农业社团组织的全面合作交

流。通过举办社团联谊会、农产品展销会、博览会或农业科技高峰论坛，扩大交流，借鉴台湾农业社团成功经验，组织福建农业专业协会、行业学会及各种产销组织及产销合作社与台湾的对口联系。

12. 闽台合作建立大型农产品物流中心、批发市场、拍卖市场、仓储中心和配送中心，建立“海峡两岸共同市场”，实施双赢战略。

13. 构建闽台农业合作交流平台。逐步将海峡两岸（漳州）花卉博览会、中国（福州）海峡经贸交易会、漳台经贸恳谈会、厦门“台交会”、南（平）台农业洽谈会、宁（德）台农业合作投资洽谈会、海峡两岸（三明）林业合作洽谈会升格为两岸共同举办的展示会、博览会、论坛等活动。

2006年

关于发展闽台文化合作交流，推动海峡两岸经济发展的提案

闽台文化源远流长，台湾文化根在大陆。中华传统文化、闽文化对台湾影响根深蒂固：所谓“台语”就是闽南语，台胞80%左右根在福建。他们的祖先通过好几代人东迁到台湾，经历数百年开发，使台湾岛拥有今天的繁荣。不少台胞到福建寻根问祖。台湾妈祖文化、关帝文化也是从福建传播过去，每年都有数万信徒到福建朝圣。莆田湄洲岛妈祖神像也应邀到台湾巡游。福州马尾船政文化对台影响深远，马尾船政学校、海军学校是中国近代海军缩影，台湾不少军政要员及祖辈出自这两所学校。泉州海上丝绸之路文化更是东西方文化交融的代表，世界上所有的宗教——佛教、基督教、天主教、伊斯兰教、印度教等至今在泉州尚能找到保留完整的遗迹，不同教派信徒之间相安无事，和平共处。历史上不少外国人移民到泉州，不同国度、不同民族、不同信仰的人和睦共处，是和谐社会的典范。

为此建议：

1. 充分利用福建特色文化、闽南文化、客家文化、妈祖文化、关帝文化、船政文化、海洋文化（海上丝绸之路）及红色文化，促进闽台经济合作交流。

2. 通过闽南文化、客家文化、姓氏源流研究，开展宗亲、族亲研究和族谱研究，推动台胞回大陆寻根问祖、探亲访友、投资办企业，开展经贸活动。

3. 通过宗教文化（如妈祖文化和关帝文化）活动吸引台胞来闽投资，开展经贸活动，推动旅游产业发展。

4. 通过弘扬马尾船政文化，增强闽台两岸人民的海峡情结，共同开发海

洋生物资源，开采海底石油、天然气，开建海底隧道，发展造船业，发展远洋航运，共同构建“亚太营运中心”。

5. 弘扬泉州海上丝绸之路，作为东西方文化融会贯通，不同信仰、不同民族大团结，构建和谐社会的范例，向联合国教科文组织申报“世界自然与文化遗产”，对当今世界存在民族矛盾、宗教矛盾甚至引发恐怖事件的部分地区有很好的教育意义。

6. 福建红色旅游资源也很厚实，闽西古田会议，上杭、长汀、泰宁等地至今还保留不少当年红军活动的遗迹，有着推动海峡两岸旅游产业发展的大好机会。另外，福建还有风光秀丽的武夷山（世界自然与文化遗产）、世界地质公园泰宁等。可以通过旅游文化开拓、发展来推动经济发展。

2006年

关于建设海峡两岸经济区的提案

中共福建省委、省政府提出“建设海峡两岸经济区”战略构想，得到党中央支持，写入十六届五中全会文件，全省人民欢欣鼓舞。关于“海西”建设建议如下：构建中国首个“厦门海峡自由贸易区”。

建议：

1. 将漳州市龙海县划入厦门市管辖，有利于统筹厦门湾港口与海关建设，另外又为厦门提供丰富的土地、劳动力资源。让福建充分发挥对台的独特优势，为闽台两省共同组建共同市场铺平道路。

2. 构建“福州海峡高科技工业园”。建议将福建市、长乐市、连江县划归福州市区，使福州由沿闽江城市转化为滨海城市，为福州发展提供丰富的土地资源和劳动力资源。吸引台湾新竹、台南高科技工业园内高新企业及本岛上的企业西移。建议国务院、国台办给予优惠政策，同时吸引台资银行及咨询、会计、律师、审计等服务机构一同西移，共同发展，与福建省内人才资源整合，既调动本省专家积极性，又解决历届大中专毕业生的就业问题。

3. 构建“泉州台商投资区”。去年我的建议提案被国务院批转商务部牵头，研究制定具体政策和法规，推动泉州设立“台商投资区”。

4. 弘扬妈祖文化和关帝文化，开展闽台合作交流，莆田市构建闽台商贸区，为海峡两岸商品提供贸易平台。

5. 构建“亚太营运中心”。前几年台湾提出构建亚太营运中心，但仅依靠高雄港，孤掌难鸣，应整合大陆资源，由上海、厦门、高雄三足鼎立，才能形成亚太营运中心。待两岸统一之时，台湾海峡将像苏伊士运河和巴拿马运河一样成为我国国内黄金航道，来回国际航船均需向我国纳税。

2006年

关于加强中俄科技合作交流建议案

经过十多年的努力，中俄科技合作已形成多渠道、多层次、全方位合作的格局。从20世纪80年代中期的恢复调整阶段和90年代中期的积极合作发展阶段，现已发展到了高科技产业化及创新合作阶段。

首先，中俄两国建立了政府间科技合作渠道。1992年中俄双方签订了《中华人民共和国政府和俄罗斯联邦政府科学技术合作协定》。1993—1996年间双方召开了四届中俄政府间经济、贸易、科技合作委员会科技合作分委员会例会，共同商定了245项政府间科技合作项目。自1997年6月至今，双方召开了六届中俄总理定期会晤委员会科技合作分委员会，共同商定了许多科技合作项目。中俄两国有关部委之间的对口科技合作也得到了较好的开展，尤其在核能、航空航天、电信通信、船舶、电力、环保、生物技术等领域呈现了稳步发展的态势。中俄两国科研院所之间、地区（省州）之间以及企业之间的科技合作都得到了蓬勃的发展。从俄引进的技术设备，有的解决了我国技术攻关难题，缩短了研制开发周期，有的填补了我国科研和技术的空白。

但是，我们也应当看到，两国间合作的巨大潜力远未发挥出来，科技合作还不适应加强和巩固中俄战略合作伙伴关系的需要。随着中俄经贸合作关系由磨合期步入快车道，加速推进中俄科技合作的紧迫性日益突出。在对俄科技合作上，我们必须看到时间的紧迫性和克服各种障碍的重要性。因为在俄的对外科技合作格局中，中国是处于国际组织、独联体国家和工业发达国家之后的第四类国家（第五类为东欧转轨国家）。随着其经济好转，知识产权保护措施加强，以及科技合作重点向欧洲倾斜，我国对俄合作的有利机会可能越来越小。为了进一步推进对俄科技合作，建议如下：

（一）进一步转变观念。为了加大对俄科技合作力度，首先要转变观念，破除思想认识误区，正确评价俄罗斯的总体科技水平。在保持和加强与美、欧、日等发达国家科技合作的同时，更加注重与俄的合作，特别是在引进军事技术和其他关键技术方面，应把俄作为首选国家之一。

（二）制定对俄科技合作的战略。中俄科技合作不仅是扩大双边经贸合作的“催化剂”，更是两国产业结构调整和经济可持续发展的“加速器”。为使两国科技合作稳定、全面地开展，建议制定对俄科技合作战略，将对俄科技合作与国内经济社会发展任务联系起来。在对俄科技合作中，要确立“优势互补，共生双赢”的原则。

（三）建立对俄科技合作的协调机制。为了加强对俄科技合作成果在各个部门的产业化，建议充分利用现行的中俄总理定期会晤机制，加强科技合作分委员会、军事合作分委员会以及经贸合作分委员会的横向联系和相互配合。

（四）设立对俄科技合作风险基金。俄的科技成果与西方转让的科技成果相比，往往是缺少资金而中断的项目或者是科技半成品，在引进过程中需要注入资金，完成后续工作。这些科技成果既具有重要的开发前景，又蕴含着更大的风险。目前，我国相当多的企业因缺乏资金，无力对俄科技成果进行评估、鉴定和中试投资。缺乏资金支持和风险担保已经成为我国对俄科技成果转化的最大难题。因此，建议科技部每年保证投入一定的资金，支持科技型中小企业用于引进和开发俄罗斯技术。同时，在政府支持下，采取市场运作方式，建立对俄科技合作风险基金，着重支持俄科技成果产业化工作。

（五）研究院研发中心和实验室。为了使两国科技合作持续有效地发展，按照国际惯例，根据双方的需要，与俄就共建国际性、开放型的研究院、研发中心和实验室签订协议或意向书。双方就有关领域的合作确立攻关课题，同时，根据两国政府协议，尽快落实我国在俄建立中俄科技园区事宜；加强建立起北京丰台、无锡、西安、哈尔滨和上海五个创业中心（“孵化器”），积极与俄五个创业中心开展对口合作。

（六）实行“引进来”和“走出去”相结合原则。在中俄科技合作中，我国过去主要强调从俄引进技术，而很少考虑将自己的成熟技术推出去。建议有关部门对我国具有优势的技术进行调查摸底、评估梳理，进而编制对俄科技交流项目清单，采取适当方式将其转让给俄方，以带动我国对俄的技术出口。

（七）要集中搞好各种类型的科技合作中心的建设。近年来，中俄科技合作进入了产业化和技术创新的新阶段。在双方共同努力下，初步形成了“政府引导型”“民间先导型”和“企业主导型”三种有效的合作方式。我们应给予关注并善于学习他们的经验。

（八）加大对民间引进渠道支持的力度。长期以来，俄罗斯有80%的工业企业参与军工产品的生产，大量的科研院所承担军工产品的研制工作，许多技术专家和学者掌握着先进甚至尖端技术成果的发明权和专利权。20世纪90年代以来，由于经济连年下滑，俄科研院所处境艰难，许多专家、学者生活窘迫。10多年来，双方通过民间渠道交流，已经产生一些成果。实践表明，民间引进渠道有时要比官方引进渠道更加方便、更为有效。但是，遇到的突出问题是，由于民间渠道人单力薄，得不到有关部门的支持。因此在科技合作中，在拓宽官方引进渠道的同时，要特别重视建立资金支持和政策支持机制，加大对民间引进渠道支持的力度。

（九）建立中俄科技合作的中介机构和咨询评价机构。为了加快对俄技术成果的引进和消化，建议采取政府（科技部）引导和市场运作相结合的方式，建立不同层次的高效率、专业性的中俄科技合作的中介机构和咨询评估机构，组织熟悉俄技术的专家和学者参与其中，对俄技术项目的技术水平、市场前景、经济效益进行可行性分析和评估，为俄技术成果的转化服务。

（十）要建立全国性的中俄科技合作信息网络系统。建立全国对俄科技信息网络系统，是实现两国民间科技合作项目供需双方快捷沟通、有效对接的途径。鉴于哈尔滨科技局和哈尔滨市国际科技合作协会已建立了中俄科技合作信息网，建议以该网为基础，建立全国性的中俄科技合作信息服务平台，并与俄对华科技合作信息网实现联网对接，以便推动两国的民间科技合作与交流。

2003年

关于构筑东盟自由贸易区建议案

随着亚洲和世界经济发展的持续恢复，特别是中国经济的强劲增长，东盟国家经济快速回升。据亚洲开发银行报道，2003年东盟国家的实际经济增长（GDP）达到4.1%，继续保持前年的水平，比2003年9月份预测的3.9%高出0.2个百分点。预计今年东盟国家经济将持续增长，经济迅速增长的重要原因是对中国出口的大幅度增加。

泰国和新加坡注意发挥本国优势，积极扩大对外经济合作，经济逐步回升。泰国政治稳定，银行和企业改革进展较为顺利，在汽车及汽车零部件等产业的海外直接投资增加，使近几年的经济增长持续在5%以上，去年约为5.8%。20世纪90年代以来，泰国对于建立两国间FTA（自由贸易区）关系就很热心，但当时主要是针对一些经济规模小的国家。他信就任总理后，重点是与日本、美国、印度等大国建立FTA，其目的是为确保出口市场和积极引进外资。泰国与中国云南省、海南省的经贸关系也非常密切，并利用其与中国良好的互补关系，努力发展本国经济。泰国还利用湄公河开发与越南、老挝、柬埔寨、缅甸建立了良好的政治和经济关系，对发展本国经济创造良好的外部环境。

新加坡经济近几年增长虽然不尽如人意，但是它是高收入国家，2002年人均GDP达到20806美元，在东盟五国中是最高的，新加坡已成为金融和IT产业中心。

马来西亚资源较为丰富，天然气，棕榈油、橡胶等热带作物除供国内消费外，还可大量出口。马来西亚的出口加工业也很发达，工业制成品已经成为其出口的主要产品。2003年以来，马来西亚的国内需求持续增长，拉动内需的主要因素是私人消费、住宅投资和财政支持。这是近年来，马来西亚经济保持

4%以上增长的重要因素。

预计，今年东南亚国家经济将继续保持快速增长态势。根据亚洲开发银行的预测，今年东南亚国家经济增长将达到5.1%，比去年高出一个百分点。日本和欧洲经济也将好于去年。这不仅使东南亚国家的出口增加，来自发达国家的直接投资、旅游观光者也将大幅度增长。更重要的是，中国经济继续高速增长，不仅为中国的出口提供了丰富的货源，也为各国和地区，特别是东盟国家商品进入中国市场提供了广阔的空间。

为此建议：

1. 根据世界经济发展态势，我国应加强与东盟国家合作，特别是与东盟国家经济来往比较密切的省份如云南、广西、广东、福建等应加强与其合作。

2. 建议由国家商务部牵头召开“东盟经济合作高峰论坛”，特邀我国相关省份政府官员、企业家参加，也邀请东盟各国官员和企业家参加，同时召开各国企业家和我国企业家对口洽接座谈会，进行项目对接。

3. 充分利用联合国南南合作组织渠道，发挥云南省“湄公河、澜沧江流域开发中心”和“联合国南南合作示范基地”作用，实施我国企业“走出去”发展战略，到东盟各国投资、兴办企业。

4. 建议尽快组织有关方面专家研究“中国—东盟自由贸易区”实施方案，以便与东盟各国洽谈。

2004年

关于加强联合国南南合作，发展海外经济技术合作的提案

联合国南南合作是发展中国家之间的经济技术合作（简称TCDC）。我国政府从1972年开始与联合国开发计划署建立南南合作关系。到2001年止，已同世界160多个国家和地区，以及10多个国际组织合作开展南南合作活动，在农、林、牧、渔、能源、矿产、机械、民航、医卫、妇幼保健、食品加工、环保、沙漠治理、企业管理等20多个领域进行合作交流与人才培训，合作方式从学术交流、人才培训发展到技术与产品输出、境外合作办工厂。通过南南合作，我国与联合国粮农组织、工发组织、劳工组织、人类住宅中心、人口基金、卫生组织、气象组织以及联合国各大洲区域局、区域委员会建立了密切联系。世界上有170多个发展中国家和地区，地域面积占世界80%，人口占世界73%。我国是发展中国家中的大国，应团结广大发展中国家，共同谋求和平与发展。

为此建议：

1. 加强中国南南合作统一领导与协调。目前，我国参加南南合作部门多，涉及外交、经贸、科技、农业、林业、教育、卫生等部门，没有统一协调机构。商务部中国国际经济技术交流中心南南合作处具体负责项目归口管理，因为级别低，对外难以形成对等关系，与大国地位不相称；对内难以协调各部委的南南合作工作。建议将商务部具体负责南南合作工作机构升格为司（局）级，以便协调内外工作。

2. 用好用活“南南合作资金”。我国南南合作援外资金不少，但由于部门分割、资金分散，使用效益不高，建议统筹使用，设立“南南合作专项资金”，把南南合作计划与资金统一起来。

3. 商务部“南南合作培训资金”应有所增加。不但重视发展中国家行政官员培训，也要重视实用技术培训，再由技术培训拓展到企业之间的经济技术合作，以提升我国在发展中国家的地位。

2005年

关于批准建立“满洲里中、俄、蒙自由贸易区”的提案

我国国土面积辽阔，海、陆疆界漫长，周边邻国众多，这一特点为我国与周边国家区域经济合作提供了广阔地理空间和战略纵深。温家宝总理在博鳌亚洲论坛2003年年会上指出：“积极促进亚洲的发展振兴与和平稳定，是中国政府一贯奉行的方针；和平、安全、合作、繁荣，是中国的亚洲政策目标。为了促进合作发展，实现亚洲共赢：我们将与各国相互尊重，平等相待，努力营造大小国家和平共处的地区政治环境；我们将与各国深化合作，共同发展，努力营造亚洲国家普遍繁荣的地区发展环境；我们将与各国增进互信，密切配合，努力营造持久稳定的地区安全环境；我们将与各国相互学习，加强交流，努力营造更加多姿多彩的地区人文环境。”

为使我国更紧密地融入全球化与区域经济一体化的时代潮流，我国应积极参与周边国家的区域经济合作。近几年发展起来的“东盟与中日韩（10+3）”“UNDP框架下图们江地区开发多边合作”等都是比较成功的例子。内蒙古满洲里市位于祖国北疆，与蒙古国、俄罗斯接壤，边界线长约1700多公里。俄罗斯经济实力比不过原苏联，但仍然是当今世界上的政治大国、军事大国、经济大国和资源大国。目前，正在实施亚太战略与新东方政策，不断发展与东北亚各国的贸易关系。蒙古国自然资源丰富，磷、铜、煤、石膏、黄石储量居世界前列，还有种类可观的珍稀野生动物和药用植物。蒙古力图把本国经济纳入国际合作轨道。中、俄、蒙三国合作有良好基础：政治基础——中、俄（原苏联）、蒙原来都是社会主义阵营国家；经济基础——三个国家经济发展、资源（劳动力、土地、矿产）有很大互补性，中、俄、蒙三国之间的合作空间很大。满洲里地处我国北疆，原来就有对俄、对蒙通商口岸，空中、

陆上交通（铁路、公路）十分便利。

为此，建议国务院、商务部批准设立“中、俄、蒙三国自由贸易区”。政治外交上，中、俄、蒙具有形式上的战略伙伴关系；经济上，通过设立“满洲里中、俄、蒙自由贸易区”，通过多边合作，推动我国东北亚区域合作与振兴东北老工业基地，具有十分重要的战略意义。

2005年

【会议发言】

关于加快发展中药材产业的建议

近年来，随着“回归大自然”热潮的兴起和西药毒副作用的增加，源自天然的中药已成为人们研究和开发的热点，国际上天然药物的需求量正以每年20%以上的速度递增，中药业已成为最具发展前景的朝阳产业。

目前，中药材生产存在问题如下：药材生产管理粗放，产品经营竞争无序；药材生产品种不多，深入加工力度不大；科研机构建设滞后，技术培训工作薄弱；科研开发经费紧缺等。

为加快中药现代化、国际化进程，国家颁布了《中医药条例》《中药材生产质量管理规范》（GAP），并发布了我国2001—2010年《中药现代化发展纲要》，要求各级政府在政策和资金上对中药产业给予倾斜支持。目前，各省市已相继成立了现代中药产业领导小组，扶持、组建了一批现代中药龙头企业，中药产业已成为国内不少地区振兴地方经济的支柱产业。我国加入世贸组织，为中药产业发展带来了前所未有的发展机遇。大力发展药材产业，是优化地方经济结构、切实解决三农问题的迫切需要，对促进经济社会发展具有十分重要的意义。我们应抓住机遇，通过实施跨越性发展战略，加快中药材的产业化进程，使传统的中药材种植加工业转变成新兴的支柱产业，形成经济增长新亮点。

建议如下：

（一）强化政府调控职能，编制产业发展规划根据国家中药现代化和科技产业化政策要求，建议成立国家现代中药产业协调领导小组，组织发改委、经贸、财政、科技、医药、农业及各省高校等部门，根据我国实际情况，研究编制中长期中医药科技产业发展规划，明确中药产业化的发展目标和具体措施。鉴于中药材属于特殊的农产品，建议对地道的药材开发生产企业按生产规模、收购中药材产值给予相应的财政补贴，并按照涉农问题给予免税待遇。

（二）加强科研机构建设，加大科技经费投入

加强中医药科研机构建设是发展中药产业的前提，是建立中药高新技术支撑平台的基础。建议编委、财政、人事部门大力支持中药科研机构建设，明确中医药科研机构为公益型事业单位，在研发经费上，财政部门要给予倾斜投入，特别是对地道药材的规范化种植和质量标准与质量控制等关键技术研究进行重点投入。发改委、经贸、财政、科技、农业等部门要通过项目立项和专项基金给予扶持，促进地道药材产业健康发展。

（三）规范地道药材生产，打造名优品牌

实施中药材生产质量管理规范（GAP），是中药材产业走向现代化和国际化、参与国际药品市场竞争的基础条件和必由之路。GAP涉及产地生态环境、药源种质、栽培管理、采收加工、包装贮运等生产全过程质量管理，只有切实按照GAP标准实施，才能保证生产出来的中药材质量稳定可控。中药材生产也是农业生产的重要组成部分，要充分应用现代农业新技术，提高中药材生产水平。一要以全国中药资源普查资料为依据，划定地道药材的重点生产品种和区域。二要以国家《中药材GAP》为依据，制定并实施各种药材生产的标准操作规程（SOP），提高药材质量。三要加强药材深加工开发，通过采用国际标准和新技术、新工艺，加大对传统药材产品进行二次开发的力度，把开发重点放在功能性食品（保健品）和药材提取物上，市场定位放在国际市场和作为国内大型制药企业的原料药生产基地上。

（四）根根《新药审批办法》和《国务院关于加强艾滋病防治工作通知》精神，对治疗艾滋病新药——“复方火炭星胶囊”，建议国家食品药品监督管理局尽快组织专家给予审评，确保尽快投放市场，造福人类。

（五）加强与台湾地区的科技合作交流，促进中药走向世界

要充分利用海峡西岸经济区建设的地缘和与台湾地区密切的血缘关系等独特优势，积极开展与台湾地区中医药科技交流与合作。筹办海峡两岸中医药开发论坛、组织中医科技合作考察团互访等活动，并提出两岸中医药进出口实行零关税的建议，争取促成大陆中药及植物药提取物零关税进入台湾地区，有利于帮助台湾成为国际中药集散地，与台湾水果零关税进入大陆形成两岸互动的双赢局面。

2006年

关于认真实施科技兴贸发展战略的建议

在世界经济日趋全球化和我国加入世贸组织的形势下，如何提高福建省产品参与国际市场竞争的能力，使福建省由外贸大省快速向外贸强省转变，这是摆在我们面前迫切需要解决的问题。要想不断扩大福建省产品在国际市场的占有率，产品的技术创新和质优价廉以及销售过程中的良好服务是关键。为此，必须走科技兴贸之路。

目前，福建省科技兴贸工作存在的主要问题是：科技兴贸意识不强，投入严重不足；科技兴贸行动计划实施乏力；科技兴贸环境建设滞后，出口退税等政策难以落实；高技术产品出口比重不高，尤其是软件出口还十分薄弱。总之，科技兴贸有很多方面需要进一步加强，有许多工作需要我们去开创。

一、进一步加深对科技兴贸战略的理解，提高实施科技兴贸战略的自觉性。科技兴贸是科教兴国战略在外贸领域的具体体现，也是实施“走出去”战略的前提。当前国际经济形势错综复杂，竞争日益加剧，技术附加值低的原料、资源型产品的国际市场份额日益萎缩，而技术附加值高的产品市场空间广阔，只有加快实施科技兴贸发展战略，大力提高产品的技术含量和附加值，才有出口国际的竞争力，才能冲破一些国家设置的技术贸易壁垒，占领国际市场。因此，我们要从我国加入世贸组织的大环境，从发展外向型经济、兴省强省的战略高度来认识科技兴贸的重要性，从而积极自觉地贯彻实施科技兴贸战略。各级各部门、各出口企业要加强对科技兴贸工作的组织领导，将科技兴贸工作作为一个大的系统工程来抓，以科技兴贸为己任，加强沟通和配合。要充分发挥省科技兴贸领导小组的组织协调作用，完善有关科技兴贸联席会议制度，抓紧制定省科技兴贸“十五”规划，全面实施省科技兴贸行动计划。

二、加强国际科技合作，加大科技兴贸投入力度。建立福建省国际科技合作专项资金和海外华裔人才库，以加强国外优秀人才、先进技术、设备和管理经验引进，促进国际科技交流与合作，推动技术创新和产业化。要尽快设立福建省科技兴贸专项资金，促进省科技兴贸工作的全面展开和快速发展。

三、努力营造良好的科技兴贸环境。一是科技兴贸政策支撑体系建设，开展福建省科技兴贸发展战略、规划和政策研究，组织编印福建省技术出口政策文件汇编；二是科技兴贸信息服务体系建设，充实完善省“技贸行动”网站，建立省级对外贸易信息中心和高新技术企业商务网络交易平台，引导福建省高新技术企业、科研院所、高校，将高新技术产品、成果上网交易；三是科技兴贸培训体系建设，充实完善省科技干校科技兴贸教学的师资和设施，将其建设成为福建省科技兴贸培训基地，为建设一支高素质的科技兴贸干部队伍而努力；四是出口重点企业、重点城市和出口基地培育体系建设，培育一批重点出口企业和1—2个高新技术产品出口基地；五是国际市场开拓组织体系建设，包括标准制定、国际认证及开拓国际市场的各种服务。

四、加快高新技术产业发展，创出口名牌。开展科研合作，积极支持外商独资或与我省科研、教学机构合资兴办科研机构。进一步加强高新技术企业孵化基地、高新技术产业开发区、科技园区和高新技术产品出口基地建设。抓好新产品、新技术开发，促进高新技术产品的出口。积极引导企业调整出口商品结构，加大对机电、轻纺等传统产品出口企业的技术改造支持力度，提高出口产品技术含量和附加值，创出口名牌。

五、围绕着开拓国际市场，积极做好七项工作。

1. 企业在练好内功上下功夫。加强技术创新，搞好具有自主知识产权的核心技术开发，大力发展高新技术产业，加大用高新技术改造传统产业的力度，严格执行标准，搞好有关认证，创造名牌产品，建立企业信用体系，提高产品在国际市场中的竞争力。

2. 进一步学习熟悉世贸规则，促进人们观念和思维的转变，加快与国际接轨的步伐。逐步使企业在实践中做到既能遵守世贸规则，又能学会运用世贸规则、例外与免责等规定保护和发展自己。同时，要努力增强入世后全民知识产权保护意识。要努力了解、熟悉国际市场及其运作，确立目标，分步实施。

3. 认真学习、借鉴别人开拓国际市场的经验，积极利用开拓国际市场的渠道和条件，努力争取国家对开拓国际市场方面的资金资助。充分发挥福建省软件出口联盟作用，促进我省软件出口。建立完善科技评估、科技咨询、技术性贸易壁垒咨询、行业协会、进出口商会等中介服务机构，并强化其作用，为中小高科技型企业提供信息咨询、反倾销应诉、贸易技术壁垒、取得国外技术标准认证等方面服务。

4. 大力发展会展业。建议将“9·8厦门中国投资贸易洽谈会”更名为“9·8厦门中国投资贸易洽谈会暨科技成果博览会”，并努力将其办成具有品牌影响力的国际博览会。同时，建议广交会专门为中小科技出口企业设立参展区域。

5. 进一步简化高科技企业人员、科技人员出国审批手续，适当放宽对其出国天数、次数、国别和科技团组人数的限制，鼓励支持更多科技人员更好地走出国门，参与国际科技交流与合作。

6. 加强技术及技术劳务输出的组织和指导。积极采取多种有效措施，促进福建省具有自主知识产权的技术开发和出口。在巩固普通劳务合作的同时，应筹建福建省国际科技合作公司，积极发展技术劳务合作。

7. 国家和省有关部门要切实帮助解决好企业出口中面临的退税指标严重不足、税率倒挂等重大问题。建议国家每年更新一次《中国高新技术产品出口目录》，研究制定有别于物化商品的软件管理办法和鼓励措施。软件企业在海外设立子公司或分支机构的，简化报批手续。

总之，我们要努力贯彻全国重点省市科技兴贸和机电产品出口工作座谈会精神，认真实施专利、人才、标准三大战略和科技兴贸战略，为积极推进福建省由外贸大省向外贸强省转变而努力。

2003年

关于发展海岛经济的建议

我曾在全国政协大会上提交《关于开发沿海海岛建议案》，引起国家海洋局重视，不少好的意见被采纳。全国人大委托国家海洋局拟定“海岛法”，前不久国家海洋局成立海岛立法工作组、海岛法律文本起草组，并开始组织全国海岛保护与开发利用情况的调查和立法调研，开展海岛立法目的以及必要性和紧迫性研究、海岛特殊性研究、海岛保护与利用案例及分析、无居民海岛价值体系研究、海岛权属管理研究、海岛权属比较研究、海岛资源环境特殊区域立法研究、海岛对国家权益维护的重要性研究，海岛涉外管理研究、海岛管理法律制度研究、海岛管理法律法规与现行法律制度关系研究，以及国内外海岛法规汇编等十多项研究和材料汇编工作。国家海洋局正按照“保护重点海岛资源、科学规划、协调发展、国家权益、海防安全优先等原则”拟定《海岛保护与利用法》（草稿），并征求有关专家学者及相关部门和沿海地方政府意见后，提交全国人大审议。一部完整的国家“海岛法”即将出台。

福建省位于东南沿海，是个多岛屿省份，比较大的岛屿有平潭岛、东山岛、湄洲岛和金门岛，无人居住的小岛不计其数。全方位研究、规划、开发和利用海岛资源，将有力推动福建外向型经济发展。为此建议如下：

1. 海岛资源开发和利用有利于促进海上旅游业发展，平潭、东山、湄洲、金门几个大岛具有丰富的旅游资源——自然风光、宗教文化、连绵数十公里沙滩可供利用。

2. 有利于促进对台合作交流，如：“小三通”可率先实现厦门—金门、马尾—马祖通航，促进闽台旅游业发展。

3. 充分利用湄洲岛“妈祖文化”和东山岛“关帝文化”资源，举办全国性的海峡两岸“妈祖文化节”和“关帝文化节”。把旅游文化和宗教文化结合起来。

4. 平潭岛和东山岛风能资源丰富。比利时和西班牙先后在岛上合作开发风能发电站，已取得一定经验。建议学习丹麦、荷兰等国经验，建设大中型风能发电站，实施可持续发展能源战略，弥补我省电能不足，适当时候，还可开发潮汐电站。

5. 学习借鉴国外经验，如：美国在沙漠地带建拉斯维加斯城，南非在荒无人烟的地方建“太阳城”。我国邻邦国家也相继在周边地区建设“卡西诺”（Casino），澳门、香港也相继发展博彩业。为了进一步推动海上旅游业发展，建议选择一个无人居住的岛屿兴建“卡西诺”，适度发展博彩业。

6. 选择几个沿海城市，针对台澎金马开辟海上游轮航线，促进海上“三通”，为共建闽台海峡经济区作准备。

7. 从地质情况看，远古时期，闽台两省陆地相连，由于地壳变动才形成台湾海峡。如今闽台可携手合作，吸引外资或外国技术，勘探海底大陆架油气资源。

8. 尽快出台操作性强的我省“海岛法”，鼓励民间资金和外资，以及台、港、澳资金共同开发海岛资源。

2005年

建议实现城市生活垃圾无害化处理

前不久，我们因启动联合国工发组织“九龙江流域生态环境遥感监测研究与应用”项目的需要，考察了漳州城市生活垃圾无害化综合处理场。该场位于龙海市九湖镇九龙岭324国道旁，距市区15公里，占地587亩，总投资7627万元，日处理生活垃圾400吨，其中可生产BPY生态有机肥200吨，焚烧100吨，卫生处理后填埋100吨，日处理垃圾渗透液500吨。按照生活垃圾处理“资源化、减量化、无害化”原则，该场已基本建成为花园式现代化垃圾处理场。

垃圾处理场采用综合处理工艺，垃圾入场后，首先分选，将有机物、可燃物和无机物分离，有机物进入BPY生态有机肥系统制肥。利用垃圾焚烧炉的热值，把垃圾中的有机质通过高温湿解，使有机物在高压罐内高温发酵，再按不同农作物特性加上不同微生物菌种，生产出生态有机肥。垃圾中的可燃物进入焚烧系统进行焚烧处理，烟气经净化处理后，达标排放。焚烧产生大量蒸汽和热能可供BPY制肥系统高温水解和烘干，使资源获得综合应用。垃圾中的无机物、焚烧后的炉渣及制肥生产后的废料送到填埋场进行卫生填埋。产生的垃圾渗滤液经生化处理后达标排放。

垃圾处理场建成后，彻底改变了漳州城市垃圾未经无害化处理并露天堆填造成蚊蝇滋生、污水横流的落后状况，实现了城市垃圾“资源化、减量化、无害化”，达到100%无害化处理。漳州市相继被联合国工发组织列为对华援助21世纪议程项目、“中国城市垃圾管理体系技术标准和管理能力建设”国内五个城市之一，被联合国开发计划署列为“中国城市固体垃圾管理改革能力建设”项目国内两个城市之一，2003年被建设部授予2002年度中国人居环境范例奖。

与漳州相比，福州生活垃圾无害化处理工作相对滞后。按福州市政府规定，全市生活垃圾都必须运到北峰红庙岭垃圾处理场进行专门焚烧和处理。由于缺乏一座大型生活垃圾无害化处理系统以及管理上的漏洞，垃圾场蚊蝇成堆，污水横流，严重影响垃圾堆场周边地区环境。掩埋在地下的生活垃圾未经处理，污染地下水，直接影响福州市区地下水的卫生和质量。为了保证福州地区空气和水资源不受生活垃圾污染，建议如下：

1. 组织专家进行论证，选址建造生活垃圾综合处理场，并筹集民间资金投向该项环保事业，采取市场运作模式。

2. 学习国外经验，推行生活垃圾分类制，分为可回收资源（废纸、易拉罐、饮料瓶）、有机垃圾（菜叶、剩饭、剩菜）和泥土石块等废料三大类，积极宣传，做到家喻户晓并自觉分类。

3. 向厂矿企业及居民征收垃圾处理费，发动全社会力量解决生活垃圾无害化处理。

4. 建议国家环保局立法，在全国大中城市推行城市垃圾资源化、减量化、无害化处理。

2005年

关于设立中国航海节的建议

我国航海历史悠久，航海科技先进，航海文化灿烂，是世界航海文明的发祥地之一。600年前，伟大航海家郑和与他的主要助手王景弘率领庞大舟师于永乐三年（1405年）至宣德八年（1433年）的28年间，先后七次“云帆高张，昼夜星驰”，“涉沧溟十万余里”。其历时之久，规模之大，航程之远，抵达国家和地区之多，是当时世界上任何国家无可比拟的，比欧洲航海家哥伦布、达·伽马的远洋航行时间早了半个多世纪。郑和下西洋是人类第一次大规模走向远洋的壮举，是世界航海史上的伟大奇迹，为推动世界航海事业的发展作出了巨大贡献。郑和下西洋充分体现了中华民族自古以来的开拓开放精神和睦邻友好传统。新中国成立以来，特别是改革开放以来，我国航海事业快速发展，港口建设、海上运输、海洋经济和科学考察等方面取得长足发展和巨大进步。

目前世界上一些国家已设立了“航海节”。为了在我国进一步传承航海文化和航海文明，普及航海知识和航海科技，增强海洋意识和海洋观念，发展航海事业和海洋经济，进一步促进中华民族的伟大复兴，今年正值郑和下西洋600周年，中央决定成立由交通部负责同志牵头，中宣部、中央外宣办、外交部、财政部、文化部、国家海洋局、国家文物局、中国科协、上海市、江苏省、福建省、云南省、中国航海学会、中国海洋学会、中国人民外交学会等有关单位负责同志参加的郑和下西洋600周年纪念活动筹备领导小组。上海、江苏、福建、云南等地都开展形式多样又隆重的纪念活动。为此建议：以纪念郑和下西洋600周年为契机，设立中国航海节，以郑和下西洋首航纪念日7月11日为中国航海节的法定日。

建议中国航海节纪念郑和下西洋及中国历次重大航海事件和著名航海人

物，总结航海成就，表彰当代对航海事业作出突出贡献的先进集体和个人；举办与航海、海洋领域相关的学术研讨和交流活动，开展丰富多彩的航海宣传、教育活动。

举办中国航海节，必将有利于增强公众海洋意识和海洋国土观念，形成全社会关心、支持港口航运事业发展的氛围，推动海洋文化、科技和经济发展；有利于树立中华民族的自信心和自豪感，弘扬爱国主义、集体主义和自强不息、开拓进取、不畏艰险、百折不挠的民族精神；有利于推动海峡两岸交流，增强中华民族的凝聚力，团结海内外同胞，促进祖国统一大业早日完成；有利于向海外宣传中华民族正义、和平、睦邻、友好的优良传统，促进世界和平与共同发展。

2005年

中国南南合作发展战略的思考

南南合作是发展中国家之间的经济技术合作（简称TCDC）。世界南南合作自1970年开始，在联合国倡导及推动下，发展中国家积极参与，遵照《布宜诺斯艾利斯行动计划》确定的宗旨和目标，为推动发展中国家之间的政治、经济、科技、文化等合作，促进发展中国家的经济发展和科技进步，作出了突出贡献。

我国政府于1972年开始与联合国开发计划署建立南南合作关系，2001年止，我国已同世界160多个国家和地区及10多个国际组织合作开展南南合作活动。在农、林、牧、渔、能源、矿产、机械、民航、医疗卫生、妇幼保健、食品加工、水电、环保、沙漠治理、企业管理等20多个领域进行合作交流和人才培训，来华学习人数达4500多人，其中有官员、专家、学者和普通工人、农民、企业家。合作方式从学术交流、人才培训发展到技术与产品输出、境外合作办工厂。联合国开发计划署也先后组织实施四期援华计划，合作项目841个，援外金额6.9亿美元。其中“图们江地区开发”“新亚欧大陆桥”“湄公河流域开发”等大型项目对我国区域经济发展起了重要推动作用；小麦、玉米、高粱、小米、马铃薯等作物育种项目，共计收集国内外种子资源6963份，累计生产良种21.5万吨，良种推广面积1080多万公顷。通过南南合作，我国与联合国粮农组织、工发组织、劳工组织、人类住宅中心、人口基金、卫生组织、气象组织以及联合国各大洲区域局、区域委员会建立了密切的联系。南南合作已成为增强我国与发展中国家之间政治经济合作的有效途径。

当前，国际上“单极”与“多极”之争日趋剧烈；一些地区的宗教矛盾尖锐，地区动荡不安；经济全球化，高科技迅猛发展，国际市场竞争加剧，南北差距扩大。随着国际形势变化，联合国和第三世界国家都要求加强南南合作。1994年12月召开的万隆亚非论坛会议，2000年4月召开的哈瓦那南方首脑会议，2000年10月召开的北京中非合作论坛，都充分显示加强发展中国家合作的必要性。世界上有170多个发展中国家和地区，土地面积占全世界的80%，人口占全世界的73%。我国是发展中国家中的大国，团结广大发展中国家是我国外交的基本立足点。在今后一段时间内，我国要致力于建立国际政治经济新秩序，实施“走出去”战略，把握加入WTO的机遇，树立大国形象，都迫切需要进一步加强国际南南合作，以团结更多的发展中国家。为此建议：

1. 加强中国南南合作的统一领导和协调。目前，我国参与南南合作的部门涉及外交、经贸、农业、林业、科技、教育、卫生等各个部门，没有统一的协调机构。直接与联合国南南合作相关机构发生关系，并负责南南合作国别项目归口管理的，是外经贸部中国国际经济技术交流中心南南合作处，因其级别偏低，对外难以形成对等关系，与大国地位不相称；对内难以协调各部委的南南合作工作。因此，建议借鉴国外经验，由现成的几家负责执行南南合作的机构合并重组，成立中国国际合作开发署，直属国务院领导，属正部级或副部级机构，具体负责中国南南合作工作，加大我国经济、科技国际化步伐。

2. 用好用活援外资金。国家用于援外的资金不少，但由于部门分割，彼此沟通少，项目重复，资金分散，小打小闹，影响了援外资金的发挥。建议把分散各部门的资金适当集中，建立“中国对外发展与合作基金”，同时设立“南南合作计划系列”，把计划与资金使用统一起来，把中国南南合作纳入国家计划轨道。

3. 为做好南南合作工作，外经贸部已在全国建立了23个从事南南合作的技术研究与培训中心，并成立了中国南南合作网及联合国南南合作网（福建）示范基地。这些机构在援外和当地改革开放中都起了重要的推动作用。希望各地政府加强领导和支持，在实施“走出去”战略中发挥它们的作用。

4. 联合国开发计划署南南合作局为了总结多年来南南合作的工作经验，与国家外经贸部合作计划今年4月底在福州召开“联合国南南合作枢纽国高官会议”，为下半年“联合国南南合作部长级会议”作准备，建议会议东道主——福建省人民政府给予大力支持。

2003年

政协第十一届全国委员会

【提案】

关于在全国医院设置“贫困与残疾人门诊”的提案

据统计资料，我国13亿人口中，农民占9亿，而这9亿农民，由于多种原因，很多人没有参加医疗保险，有病看不起、小病拖大病、因病致残、因病致贫、因病返贫的现象时有发生。至于社会人群中有着特殊困难的8300万残疾人，更是困难重重。因此，在全国医院设置贫困与残疾人门诊，对这部分人逐步实现先减后免，尽快切实解决贫困人群的医疗困难，提高人民健康水平，保障经济建设平稳推进，也是构建和谐社会、促进经济和社会可持发展续的重要课题。为此，建议如下：

一、高度认识在全国医院设置贫困与残疾人门诊的现实和政治意义。

在全国医院设置贫困与残疾人门诊，是旨在解决贫困和残疾人等社会弱势群体看病难、看病贵、因病致贫、因病返贫、因病致残的急迫问题，是贫困和贫困残疾人迫切盼望解决的问题，是提高人民健康、推动社会进步、保证经济建设所需、提高人力资源质量的重要环节，体现着党的富民政策和共同富裕宗旨，体现着党和国家对社会弱势群体的关心和对贫富差距问题的关注，对于缩小贫富差距、维护社会和谐稳定和经济可持续发展具有广泛的现实意义和深远的政治意义。

二、为了让全社会关心贫困弱势群体，包括保障残疾人平等地充分参加社会活动，共享社会物质文明成果，逐步减少因病致残、因病致贫、因病返贫人群，消除疾病困扰，提高人民健康，推动社会发展和社会进步，逐步扶持医院，提高康复等医疗服务水平和加强服务能力的建设。并在中国残联领导和监督下，全面负责该公益性项目的设立、调研、筛选、合作、开发、审批及按中国残联有关规定管理与具体实施。

三、动员社会力量，整合资源，形成政府，NGO组织，有社会责任感、有爱心的企业家联盟，向医院贫困和残疾人门诊部捐赠医疗仪器和药品。

四、协调卫生管理部门，引入第三方力量，以监督控制过度医疗。所谓过度医疗是指医疗机构或医务人员违背临床医学规范和伦理准则，不能真正为患者提高诊治价值，只是徒增医疗资源耗费的诊治行为，它给国家财政、企业和个人造成了沉重的经济负担，助长了社会不正之风，还侵蚀着中国的道德传统。通过对医院的无偿捐资捐物，使医疗成本保持在合理的范围内，既有效解决了贫困与残疾人看病治病的问题，又解决了广大人民群众看病贵的问题，从而维护了社会的和谐稳定。

五、由全国残联牵头，由卫生部、劳动和社会保障部、国务院扶贫办协助，在全国有条件的医院开设贫困与残疾人门诊。

根据资源配置和因地制宜的原则，充分发挥地方医院现有设施设备和人力资源。贫困与残疾人门诊首先在四川、福建、山西、陕西、上海五省市选择条件适宜的医院进行试点，在取得一定经验的基础上逐步向全国推广。

2011年

关于将革命老区兴安盟纳入国家集中连片特殊困难地区给予扶持的提案

2010年，中共中央下发了中发〔2010〕11号《中共中央国务院关于深入实施西部大开发战略的若干意见》，指出："南疆地区、青藏高原东缘地区、武陵山区、乌蒙山区、滇西边境山区、秦巴山—六盘山区等集中连片特殊困难地区生态脆弱、经济落后、贫困程度深，要全力实施集中连片特殊困难地区开发攻坚工程，基本消除绝对贫困现象。"同时还规定了国家确定集中连片特殊困难地区的标准，并初步拟定了六大连片区27个地州列入集中连片特殊困难地区。根据中发〔2010〕11号文件的有关规定，内蒙古自治区人民政府已于2010年8月26日，已分别向国家发改委、国务院扶贫办报请《关于将兴安盟列入国家集中连片特殊困难地区予以扶持的函》。最近，经过我们全国政协有关委员进行认真的实地调研，认为兴安盟农村牧区确实生态脆弱、经济落后、贫困程度深，在全国也不多见。所以，建议国家充分考虑兴安盟的特殊困难，将其适时纳入国家集中连片特殊困难地区，给予重点扶持。

内蒙古兴安盟是我国第一个少数民族自治区——内蒙古自治区的诞生地，是内蒙古自治区党委、政府确定的唯一实施重点帮扶的老少边穷地区，是大兴安岭重要的生态屏障，是嫩江流域和科尔沁沙地的主要源头。因长期受到历史、地理、自然、环境、投入等诸多因素的影响，经济发展严重滞后，仅以2009年为例，全盟人均GDP、农牧民人均纯收入、城镇居民人均纯收入三项指标都明显低于全国、全区平均水平。2009年人均GDP为13497元，城镇居民人均可支配收入为10252元，农牧民人均纯收入为3401元。贫困人口多，贫困面大，特别是受农牧业基础薄弱、各种自然灾害频发、抗御自然灾害能力较弱的影响，农牧民的收入极不稳定，因灾返贫的现象尤为突出。兴安盟是少数民族聚居区，少数民族人口达79.5万，占全盟总人口的47.2%，其中蒙古族人口占总人口的42%。按照国家新的贫困标准统计，全盟贫困人口还有42.6万，占农牧业总人口113万的38%。如果对这一地区农村牧区贫困人口不加大扶持力度，势必与全国、全区的差距越来越大。

近年来，内蒙古自治区党委、政府对兴安盟实行差别化的特殊扶持政策，除组织动员自治区137个厅局对兴安盟实施帮扶外，还决定由鄂尔多斯市对其进行重点帮扶，从而为兴安盟的又好又快发展注入了新的生机和活力。但内蒙古自治区在全国来说，也并非富裕的地区，尤其是森林草原生态环境保护治理项目和改善民生方面都需要国家财政转移支付。所以，仅仅依靠自治区厅局和鄂尔多斯的支持，在短期内要解决革命老区兴安盟农村牧区极其贫困的现状，缩短同全国、全区的差距，仍有很大困难。为此，恳请国务院会同国家有关部门将革命老区兴安盟纳入国家集中连片特殊类型贫困地区，以获得国家更多的政策和资金，通过他们自身的努力和国家的积极扶持，尽快摆脱贫穷落后的状况，与全国人民共同享受改革开放的成果，走上脱贫致富的道路，实现全面建设小康社会的宏伟目标。

2011年

关于由中宣部牵头启动“文化扶贫工程”的提案

改革开放三十多年，我国经济发生翻天覆地的变化，人民生活水平大幅度提高，但是贫富差距、城乡差距，东部与中西部差距都在加大。中央高度重视扶贫工作，不断加大扶贫开发力度。仅去年，国家财政下拨扶贫资金就高达270亿元，扶贫标准提高到人均纯收入（以2010年不变价）2300元。按新扶贫标准，我国农村贫困人口大约有1.2亿（还未包括城市弱势群体、农民工、下岗工人和未就业大学生），如果单靠国家财政支持，可谓杯水车薪，任重而道远。当物质生活水平提高以后，人们对精神文明、文化生活水平提高又有新的需求。为此建议：

1. 由中宣部牵头，联合有关部委（如共青团、全国妇联、文化部、科技部、农业部、中国科协及中国扶贫开发协会）等单位启动“文化扶贫工程”。

2. 动员社会力量，整合资源，组建“政府、NGO民间组织、有社会责任感有爱心的企业家”联盟。

3. 为最基层行政村配置电脑室、图书室和文娱活动室。

4. 打破各部委条块分割机制，整合资金、人才、市场及资源，由国家财政、地区政府、民间组织及企业捐赠的形式共同运作。

2012年

关于农民工几点建议的提案

改革开放三十多年来，我国经济发生翻天覆地变化，人民生活水平大幅度提高，农民工在我国经济发展中的贡献功不可没。目前，农民工面临困难，应引起社会各界重视，建议尽快出台有关农民工政策，改善他们的政治地位和生活环境。

1. 改革开放初期，东部沿海经济发展需要大量的工人。中西部地区农民大量流入东部沿海城市，初期给农民工定位为“盲流”，后来以区别城市工人，把流入城市打工的农民定位为“农民工”。随着城乡两元经济解体，有的农民工进入城市多年，已融入城市，变成新一代城市工人，建议把农民工定位于“城市建设者”。没有他们，企业将停工，高楼大厦没人建，社区、家庭没有保姆，城市垃圾没有人清理。随着城市一体化发展，今后将有越来越多的农民进入城市，变成城市居民。

2. 我曾多次以提案的形式，建议改革束缚生产力发展的户籍管理制度，代之以身份证管理，实施居住证制度，建议深圳、上海作为试点，尽快推广全国，以体现以人为本的精神，尊重公民居住权、生存权与迁移权。

3. 为了避免因农民工外出打工，留守儿童尚在家乡无人管理无人教育，荒废一代人，建议各城市教育部门重视农民工子女教育。城市的幼儿园、小学、中学都应招收部分农民工子女，不得收取高额借读费，国家义务教育经费不能按户籍所在地拨付，应根据农民工子女就读学校给予定点拨付。农民工比较多的城市还应开办“农民工子弟学校”，各级教委给予政策和经费上支持。报考高等学校也应随父母务工所在地报考。

4. 改革现行住房制度。不提倡农民工购房，各级政府应提供廉租房：按人口数量、居住面积，解决农民工住房问题。因工作变动、改变居住城市，原廉租房应由政府收回，由新打工城市解决租房问题。廉租房也应有交通、商品、社区等配套服务措施。

5. 农民工婚姻问题。计划生育问题，应由当地街道社区专人负责，社团组织、NGO组织积极协助支持。

6. 鼓励农民工积极创业。金融部门应有专项小额贷款，企业接受农民工就业，地方政府应给予财政补贴及税收上的优惠。

7. 企业对农民工欠薪的行为，相关律师、中介机构应主动帮助农民工维权。

8. 街道社区定期组织农民工培训，内容包括：就业技术、文化教育、法律知识、社会公德、诚信礼貌。各级政府动员NGO组织积极参与，共同解决提高农民工素质问题。

2010年

关于发展农村远程教育及卫生保健综合服务体系的提案

改革开放三十多年，我国经济发生翻天覆地的变化，人民生活水平大幅提高，但是贫富差距加大，城乡差距拉大，东部沿海与中西部地区经济发展差距加大。按国家扶贫标准——人均1196元／年，截至2008年底，我国尚有4007万人没有解决温饱问题。如果按照贫困人均1美元／日标准，截至2005年底，尚有近2亿人需要脱贫。加上城市弱势群体（农民工、下岗工人、复退军人和历年来未就业的大学毕业生），全国需扶贫济困人口近3亿，扶贫工作任重而道远。

为了扶贫济困，应着重抓“救济扶贫”（输血式扶贫）和“开发扶贫”（又叫“产业扶贫”，即造血式扶贫）。换言之：一是物质扶贫，二是知识（精神）扶贫。下面主要通过构建“中国农村远程教育及卫生保健综合服务体系”，进行知识扶贫。

建议如下：

1. 我国现有2700个县、60000多个乡镇、200多万个自然村，按照胡锦涛总书记指示精神，动员全社会力量，搞好“大扶贫”，实施“资金、人才、市场、信息”资源共享，实施多赢、共赢，把电视台、有线台、电台、网络、职业学校及各种培训中心资源整合，形成全国200多万个网点，通过远程教育提高城乡贫民综合素质，解决城乡贫民教育、科技、卫生、健康、司法、文化、汉堡、养老及助残问题。

2. 为了解决城乡贫民“看病难”和“看病贵”问题，整合农村现有2万多家医疗卫生机构，从我国实际出发，建立中西医并举，具有中国特色的医疗卫生保健服务体系，使乡镇有医院，自然村有医疗保健室。

3. 项目运作资金：（1）财政拨款支持；（2）民间资金，包含有社会责任感有爱心的企业家捐助；（3）市场化运作。比如像希望小学一样，运用冠名制办法或树功德碑，供后人缅怀。

2010年

关于加大丹顶鹤自然保护区建设，推进沙蚕人工养殖的提案

沙蚕是丹顶鹤等珍禽鸟类的主食。近年来，盐城沿海滩涂农民习惯于自然采挖，使沙蚕产量出现萎缩，越冬鸟类的饥荒已不断显现。我国现有的人工护养的沙蚕苗种绝大部分依靠国外进口。实践证明，要成功地大量育苗必须依靠近距离的天然海水的潮水循环。中国扶贫开发协会、江苏省海洋水产研究所、江苏海新滩涂养殖有限公司联合提出，利用潮间带大匡围生态护养沙蚕苗种，向万户沿海滩涂农民提供廉价的优质幼苗，帮助大批农民提高经济收益，既使生态环境得到有效保护，又使滩涂资源得到了充分利用。

沙蚕属环节动物，营养丰富，不仅是鱼虾鸟禽嗜食的饵料生物，也可以作为优良的钓饵，大量出口日本、韩国等东亚地区及欧美国家。沙蚕素有“海洋冬虫夏草”之称，为营养珍品。沙蚕体内含有大量人体所需要的氨基酸、微量元素和维生素，尤其富含纤维蛋白溶解酶、纤溶酶原激活物、胶原酶等三种酶系，是预防高血压、动脉硬化和消除疲劳的有效保健食品；沙蚕体内所含的沙蚕激酶具有治疗脑血栓、心肌梗塞等血栓性疾病的功能，所含大量的不饱和脂肪酸具有增强免疫力、提高记忆力的功效，还具有抗血栓、防止动脉硬化的作用；此外含有丰富的羟氨酸，具有美容养颜、抗衰老的作用，其在生物制药等领域具有独特作用，市场前景广阔。干制后，煮汤白如牛奶，味极鲜美，且浓度大，有天然味精之称。沙蚕无论在国内还是出口，都十分畅销，市场价格较高。随着需求量的不断增大，一向采捕于天然所产已供不应求。国外已着力发展沙蚕养殖以应需求。因此，发展沙蚕养殖的经济效益可观。

盐城能够成为丹顶鹤等珍禽鸟类越冬地，是因为盐城辽阔的黄海滩涂有

大量天然的沙蚕资源。这里海水的温度和盐度适宜，良好的天然气候环境是沙蚕繁殖生长最为适宜的地方，亦是丹顶鹤等珍禽鸟类越冬栖居地，有吃不完的绿色食品和美味佳肴。

盐城的沙蚕年产量约占全国的1/2，每年给当地企业和农民带来收益约4000万美元。但他们长期习惯性地“挖、收、出”，只捕不养，过度采挖，沙蚕资源已出现萎缩现象，天然资源遭到严重破坏。

生态护养沙蚕苗种，是一个无污染排放项目，在国外已是成熟技术，我国还处于科研实践阶段。江苏省海洋水产研究所在的江苏海新实验基地，小面积地利用低坝潮水天然孵育沙蚕苗种，获得可喜成功。希望国家环保部给予大力支持，积极推广这一成果。

2011年

关于从政策和资金上扶持兴安盟扎赉特旗农业产业化龙头企业发展的提案

内蒙古兴安盟是我国第一个少数民族自治区的诞生地，是典型的老少边穷地区，是大兴安岭重要的生态屏障，也是嫩江流域和科尔沁沙地的主要源头。兴安盟经济发展落后，2009年人均GDP仅为13497元，城镇居民人均可支配收入仅为10252元，农牧民人均纯收入仅为3401元。而且，由于自然灾害和市场原因，农牧业收入还不稳定。兴安盟是少数民族聚居区，少数民族人口达79.5万，占全盟总人口的47.2%，其中蒙古族人口占总人口的42%。按照国家新的贫困标准统计，全盟贫困人口还有42.6万，占农牧业人口的38%。兴安盟整体上还属于生态脆弱、经济落后、贫困程度深的地区。

扎赉特旗是国家级贫困县，位于内蒙古、吉林、黑龙江三省交会处。内蒙古源龙源集团成立于2003年，利用当地丰富的土地资源（2000多万亩），通过公司加农户发展模式，把产业扶贫与新农村建设紧密结合起来，让当地农牧民依靠自己双手，利用智慧和当地资源，走脱贫致富道路。公司发展为集技、工、农、贸于一体的农业产业化集团公司，被评为“农牧业产业化龙头企业”“扶贫龙头企业”。

集团公司高层领导绝大多数为部队复员转业军人，不靠国家，自力更生，艰苦奋斗，通过利用当地资源，带动农牧民致富，这个经验值得借鉴。

建议从政策和资金上给予内蒙古源龙源集团支持，让其发展更快更好。

1. 源龙源集团发展急需流动资金3亿元，建议国家农业银行给予放贷，带动6万户农牧民增收、18万户农牧民增收。

2. 建议国务院扶贫办及内蒙古自治区扶贫办给予政策、资金上的支持。

3. 建议国家发改委副主任张晓强协调下属中储粮公司每年给予源龙源公司不少于30万吨粮食及1万吨食用油储备、5万吨化肥储备。

4. 建议国家商务部市场运行司给予1万吨冷冻肉储备任务，该公司已建成屠宰厂与冷冻库之配套。尽快使集团企业成为国家粮、油、肉重点储备基地。

内蒙古源龙源集团是当地著名农业产业化龙头企业，面临发展中的困难，迫切希望内蒙古自治区政府给予政策和资金上大力支持，让它发挥更大作用。

2012年

关于改善北京平面交通的提案

改革开放三十年来，北京城建工作有着翻天覆地变化，除了修建地铁外，公路交通环线建设从“摊面饼”开始，二环线、三环线、四环线、五环线，又增修六环线，但还是解决不了首都北京交通拥挤、堵塞的矛盾。原因如下：

1. 设计不合理。随着北京人口增加，小轿车增加，虽然有二环至五环线，但仍然是平面交通，避免不了十字路口红绿灯管制。

2. 进入环线的入口与出口过于接近，有不少路口还有公交车停车站，人为造成交通堵塞。

为此，作如下建议：

1. 为了构建环渤海湾经济区，使北京与天津连成一片，建议首都东扩，把河北廊坊市划为北京一个区，使北京与天津对接，有利于“京津唐”“京津冀”区域经济一体化。

2. 避开天安门广场中轴线，充分利用北京城内街道呈井字形格局，修建两条从北至南、两条从东至西的立体高架公路，从空中分流车流，向上海学习，修建高架立交公路。

3. 把北京行政中心东扩，搬迁到通州，减少人口压力。

2008年

关于北京市冬季取暖节能减排的提案

北京市内冬天取暖管理很不科学，能源浪费极大。为此建议，尽快出台《取暖能源管理法》。

1. 加强对各大宾馆、商场、酒楼暖气管理，客户反映强烈，室内温度过高，浪费能源，冬天室内温度一般不要高于24℃。

2. 住宅区取暖费收取不合理，居民住宅或公寓不管是否住人都要收费，而且室内暖气不可调节，温度偏高，造成能源浪费。

3. 仿造电表和水表功能，尽快研发“暖气表”，可根据用户实际需要调节室内温度，取暖费用依据表内显示数字收取，体现公平、公正。

2008年

关于福州“五一广场”地下空间开发利用的提案

近几年来，随着福州市经济、社会的飞速发展，城市化进程的加快，人口剧增、土地紧缺、环境污染、交通拥塞等问题日益加剧，福州市区已经面临着用地紧张、发展空间拥挤的问题，而解决上述问题的有效途径之一，就是合理开发地下空间。

开发利用地下空间首先是节约土地的要求，可以对土地多重利用：不但要用地面，还要充分利用地下空间，这样一来不仅节约了土地，还可提高经济效益。地下管网、地下停车设施等关乎民生的城市功能配套设施，对上述城市问题具有很好的改善作用，尤其在城市中心城区效果更为显著。

国外地下空间的利用已有相当长的历史，从1863年伦敦建成世界上第一条地铁开始，日本、北美、欧洲的一些国家对地下空间的利用如今都已达到很高水平。在国内，北京、上海、深圳等城市也在地下空间利用方面走在了前列，如上海人民广场、武汉首义广场等地下空间的成功开发利用，已经取得很好的社会、经济效益。

目前福州已经具备了开发利用地下空间的条件：首先，按照国际惯例，一个城市的人均GDP超过3000美元，就可以着手进行地下空间的开发，福州早已经超过这一水平；其次，这些年来福州地面建设以高层为主，地面土地资源的利用已渐趋饱和，向地下发展是福州未来发展的必然趋势；最后，福州开发利用地下空间的软硬件环境正在逐步完善，地铁的建设将盘活福州整个地下空间。

但是福州地下空间的开发尚处在起步阶段，尤其是城市中心城区的地下空间利用远远不够，利用率太低。五一广场是福州的政治、经济、文化中心场所，具有地理位置优越、人口流量大的优势，但是随着福州城市经济的快速发展，人民生活水平的提高，周边道路拥堵、配套功能落后、广场功能单一等弊端逐一显现，因此对五一广场的改造、重新利用再开发，必须提到议事日程上。

建议：

结合福州实际情况，同时借鉴一些国内外的成功经验，与城市规划、功能布局相结合，科学规划，合理布局，大胆创新，将五一广场地下空间打造成集地下交通干线、地下商业娱乐设施、地下停车场、地下过街道等功能于一身的立体地下空间体系；同时应该有明确的政策，鼓励和吸引民间资金投入地下空间开发，尤其是要吸引那些有实力、有经验、专注于地下空间开发建设的企业来榕，共同参与福州的地下空间开发建设，真正实现“政府、社会、企业多赢”。如果五一广场地下空间开发建设能够顺利实施，将为福州乃至福建省实现“十二五”规划的科学发展、跨越发展探索出一条新的城市建设发展之路。

2011年

关于面对全球金融危机中国旅游业发展战略的提案

美国次贷危机导致全球金融风暴，正在影响各国经济发展，包括旅游业。面对通货膨胀、货币贬值，人们首先考虑，如何把有限的钱用于维持生存，解决温饱问题，全球旅游业普遍萎缩。这是大趋势，并且将要持续相当长一段时间。

中国旅游业发展，首先考虑发展自己的独特优势：（1）历史悠久，拥有五千年古文明史；（2）东方文化、中华传统文化，世界独一无二；（3）把生态自然景观与深厚文化底蕴结合起来，发挥名、优、特优势，打出旅游创意文化品牌，吸引海内外游客。现提出两个有创意的旅游案例供大家参考：

一、关于构建“非物质文化遗产世界博览园”建议

我国文化遗产蕴含着中华民族特有的精神价值、思维方式、想象力，体现了中华民族的生命力和创造力，是我国各民族智慧的结晶，也是全人类文明的瑰宝。保护非物质文化遗产，保持民族文化传承，是联连结民族情感的纽带，增进民族团结和维护国家统一及社会稳定的重要文化基础，也是维护世界文化多样性和创造性，促进人类社会和平与发展的前提。加强非物质文化遗产保护，是建设社会主义先进文化，贯彻落实科学发展观和构建社会主义和谐社会的必然要求。但由于过度开发和不合理利用，许多重要的非物质文化遗产正面临消亡和失传。在非物质文化遗产相对丰富的少数民族聚居地，由于人们生活环境和条件变迁，民族、民俗和区域文化特色消失加快，因此加强非物质文化遗产保护、开发和利用，刻不容缓。这是贯彻落实党的十七大精神，发展文化创意产业，带动新一轮经济发展的需要，也是学习实践科学发展观的需要。

为此建议，积极动员全社会力量，实施“资金、人才、市场、信息”资源整合，推动我国非物质文化遗产保护、开发和利用。

1. 2008年，北京成功举办奥运会和残奥会，2010年上海即将举办世博会，为此建议，在江苏南通举办永不落幕的奥林匹克文化博览会，筹建“非物质文化遗产世界博览园”。

2. 经充分调研论证，理由如下：南通是中国南方滨江临海城市，位于长江三角经济区中心部位，距上海、苏州、无锡、扬州均为一小时车程，具有得天独厚的区位优势，并先后获得“中国人居环境范例奖”“中国优秀旅游城市”“国家环保模范城市”“全国卫生城市”和“国家园林城市”。文化底蕴厚实，是国家级历史文化名城，被誉为中国教育之乡、文博之乡、体育之乡、长寿之乡、建筑之乡、平安之乡。南通市政府积极申办“非物质文化遗产世界博览园”，并计划拨出6.5平方公里（苏通大桥下，长江北岸）筹建“博览园”。

3. 项目采用国际通用形式：PPP模式、政府协调、企业积极参与、银行贷款、非政府组织介入。

4. 园区内划分多种功能区，设立：中国馆——展示中华民族（56个民族）民俗文化，非物质文化遗产精华。国际功能区（招商）——美国、俄罗斯、德国、法国、巴西、南非等一百多个国家展馆，通过各驻华大使馆文化参赞，根据各国民族民俗风格设计，展示各国非物质文化遗产精华。博览园中央广场悬挂联合国旗帜、各参展团国家旗帜，使之成为名副其实的世界博览园。

5. 园区中央建造大型演艺中心，配备声、光、电高级设备，供各国文化艺术团体、个人演出。一年365天，春节第一周为“中国文化艺术周”，每周更换一批演出单位，陆续举办不同国家文化艺术周，将南通博览园办成东西方文化艺术交融、汇合的国际性大平台。

6. 与博览园配套的交通，南通有航空港、水上码头、铁路枢纽和高速路。再开辟三条航线，一条沿长江航线，从重庆、武汉、南京到南通。另两条是海上航线，北航线：从大连、青岛、塘沽、烟台、连云港到南通；南航线：从北海、湛江、广州、厦门、福州、温州、宁波到南通，开辟海上游轮通道。

7. 与“博览园”配套，建设一个南通“文化产业新城区”。当地农民和居民通过创办“博览园”，为他们提供成千上万个就业岗位，使南通成为非物质文化产品国际集散地。城区通过规划为一条“非物质文化产品街”，批发零售世界各地、我国各省、56个民族的非物质文化遗产产品，积极推动外贸出口和旅游产品开发、利用。规划一条餐饮街，汇集世界各地的名特优小吃和餐食。汇集我国各省、56个民族饮食文化、茶文化、酒文化。除了五星级现代宾馆及娱乐业外，规划一条汇集世界各国特色家庭旅馆、汽车旅馆等服务性行业大街。

8. 通过标准化管理，把贫困地区、革命老区、边远山区及少数民族地区农村劳动力调动起来，就地生产非遗文化产品，采取商业加盟，并联销店形式，将产品推向全国、推向世界。通过网上交易解决农村农民文化产品营销难问题。

9. 调动民间艺人及掌握独特技艺传人的积极性，以师傅带徒弟的形式，培养接班人，使非遗文化正常传承下去。

10. 每年定期在博览园内举办“文化创意论坛”，为文化官员、专家学者及企业家创造头脑风暴交流平台。

11. 按照法国戛纳电影节模式，每年争取电影“百花奖”“金鸡奖”落地于此，并逐步形成“博览园”的世界品牌。

发展文化创意产业，一不要能耗，二不会污染，节能减排。符合国家可持续发展战略，是一件利国、利民的大事，又为地方经济发展闯出一片新天地。

二、弘扬红色文化，促进红色之旅发展

“红色之旅”最早由我在全国两会上提出，当时提出“闽赣两省携手合作发展红色之旅”，开辟一条从厦门、古田、长汀、瑞金到井冈山的旅游线。国家旅游局采纳我的意见，召集沿线35个城市的旅游局长在厦门开会，实施效果很好，从台湾青少年夏令营到发展台湾回乡游，从单纯旅游发展到招商引资，回家乡投资办企业，让旅游业推动地方经济发展，同时让游客接受一次革命传统教育和爱国主义教育。国家旅游局又把这个经验推向全国，红色之旅把生态景点与红色文化有机结合在一起，为地方经济发展创造很好的社会效益和经济效益。

前不久，我又在湖南湘潭召开“两型社会（资源节约型和生态友好型）

峰会”上作了《弘扬红色文化，发展地方经济》的三题演讲，将红色文化与生态景点结合在一起，建议湘潭每年举办“红色文化节”“红色文化博览会”，举办“红歌会”，举办“红色文化论坛”等系列活动，开发红色文化产品和非物质文化产品，推动外贸产品出口，推动国内旅游工艺品开发，同时，为农村提供成千上万个就业岗位。

2010年

关于重视民间历史文献作用的提案

民间收藏的古旧书籍中有一些珍稀的历史文献，能弥补国家公藏机构的不足，对于传播中华文化、增加历史新证据、传承优良革命精神有十分重要的作用，应该引起我们的高度重视。

1. 根据调查，当代民间藏书家韦力先生收藏有举世公认的辽刻本《观弥勒菩萨上生兜率天经疏》一书，十分珍稀。中国国家图书馆至今仍未能购藏到辽代的刻本（古籍），每次国家机构进行藏书通史展览时，就会产生辽代刻印本的“断环”，都需借韦力先生的这册书，来弥补此种遗憾与不足。

2. 钓鱼岛自古以来就是中国固有领土。但是，据目前所知，姓名载于典籍的古代名人亲笔记载钓鱼岛在中国内海、是中国固有领土的名人手稿，流传至今的仅有一部，即民间藏书——清代中期著名学者钱泳（号梅溪）的手抄本《海国记·册封琉球国记略》原件。国家宣传部门若进行钓鱼岛历史文献（证据）的展览活动，如有可能，此份古代名人亲笔手稿应该必不可少。

3. 革命文献方面，民间也有珍稀佚文，能补充公藏机构的不足。例如，1950年7月西北军区第一野战军政治部编印的《为争取国家财政经济状况的基本好转而斗争》一书，小32开，书末第50至57页，收有习仲勋副主席在西北军政委员会二次会议上的报告《关于西北地区土地改革计划的报告》全文。这一个版本的书，十分罕见，国家图书馆暂未收藏。《为争取国家财政经济状况的基本好转而斗争》是毛泽东主席的文章，1950年全国各地以此文题为书名，出版了不少书；国家图书馆现就收有12册，版本多不相同。但是，这些版本的图书开本相同，也均为小32开，总页数最多的43页，最少的7页（仅有毛泽东的文章，未附其他领导人的文章与当时的财经法令），都没有收入习仲勋此文。

以上三个较典型的事例提醒政府有关部门，应该重视民间历史文献，加强引导与保护。为此建议：

1. 在评定民间收藏历史文献等级时，应该与公藏机构的标准一致，并认真执行。坚决杜绝将民间可与公藏藏品平分秋色的历史文献真品故意存疑、降低等级的错误行为。

2. 大力宣传民间珍稀历史文献的宝贵性。使全社会都认识到，任何危害中华历史文献的行为，都是对民族、对国家的犯罪。

3. 国家公藏机构，应该加大力度，鼓励与支持散失民间的重要历史文献的搜集和收藏工作。

2011年

关于保护、开发、利用福州船政文化的提案

福州是中国造船业、军舰制造业、航空业、高等院校首创之地。福州是中国海军摇篮，自清末到1949年，很大一部分海军司令、舰队司令、舰长、海军军官、士兵皆为福州人。以福州马尾的任家为例，出了1200位海军人士。在中国军事史有“无任不成舰”之说。福州人还参加了1840年以来反侵略的每一次大战。

福州保留着世界上年代最久远、数量最多的古炮台群，环闽江口炮台群目前大小炮位、弹药库、士兵库、训练场皆齐全的有：马限山中坡炮台、亭江北岸炮台、官头长门炮台、琅岐金牌炮台等。

福州保留着目前世界上年代最久远、数量最多的制造军舰古迹：（1）中国最古老的造舰车间——建于1866年，法国人所盖，用的是泰国的木头做骨架，这里曾生产出中国第一台蒸汽机、军舰、巡洋舰；（2）中国第一个工业设计院——建于1867年的绘事院，法国人所盖；（3）中国第一个自制的船坞——一号船坞；（4）中国最古老的吊车；（5）中国第一个船政天后宫；（6）中国为海战烈士修的第一座祠堂——建于清代的昭忠祠；（7）中国目前发现最大的地下海战指挥部；（8）船政钟楼；（9）大量船政名人题写的摩崖石刻；（10）建于1663年、指挥闽台水师的协台衙门；等等。

福州保留着世界上年代最久远、数量最多的船政名人故居：（1）沈葆桢故居（宫巷）；（2）萨镇冰故居（朱紫坊）；（3）方伯谦故居（朱紫坊）；（4）陈季良故居（文儒坊）；（5）刘冠雄故居（宫巷）；（6）严复故居（郎宫巷）；（5）陈兆锵故居（法海路）（朱紫坊花园弄）；（7）李世甲故居（鳌峰坊）；（8）陈绍宽故居（胪雷）；（9）陈季同故居（鼓西路）；等等。

福州保留着世界上年代最久远、最完整的水兵营，也是中国第一个水兵营——长乐市洋屿乡琴江村，建于雍正年间，现保留着八卦太极型建筑格局，有普通官兵排房，有司令衙门楼，有当时铺的石板道，有海军高级军官大宅院，有与故宫里一样建筑风格的戏院。这里居民仍说满文，保留着满族生活习俗，这里的家庭最久有九代海军，最短也有五代海军。

福州保留着中国第一架飞机的制造工厂，其中有飞机起飞台、车间、工棚支撑等。

福州还保留着中国最完整的水上战场遗址，保留着汉武帝时、晋安帝时、陈文帝时、五代后晋时、隋文帝时、南宋德祐年间、明洪武年前、明抗倭时、隆武帝时、郑成功反清复明时、中法马江海战、抗日战争时期的战场。

福州还保留着中国年代最久远、最完整的学校建筑群遗址：中国第一所高等大学——船政学堂、中国第一所海军士兵学校——海军练营、中国第一所技工学校——海军艺圃、中国第一所航空学校——海军飞潜学校、海军陆战队讲武堂，等等。

福州保留着清朝雍正年间至今的大量海军文物。

福州保留着船政名人最多的墓。

福州马尾创造了中国28项第一

研制出中国第一台蒸汽机、中国第一舰军舰、第一艘轻巡洋舰、第一艘鱼雷快艇、第一架飞机、第一架轰炸机；开设了中国第一所高等大学、中国第一所技工学校、中国第一所航空学校、中国第一所飞行员培训学校、中国第一个设计院、中国第一个电报学校；组建了中国第一支舰队；铺设中国第一条闽台海底电缆；引进了中国第一批洋监督（即今总经理）、洋总工、洋工程师，建立了完整的引进合同、评估合同；输送了中国第一批留学生，建立了完整的留学、留学归来的章程；引进了国外先进的技术，建立了全部引进、部分引进、环节引进等新模式；培养了中国第一个留学海外的工科博士、法学博士；中国第一部被翻译到国外的小说为这里学生所作，外国第一部被翻译成中文的小说也是这里学生所作；等等。

福州产生了世界最集中的海军世家，三代以上的海军世家有980多个，最长的为九代海军（长乐琴江黄家），最大的一个家族（马尾任家）走出了1200多个海军人员。

开发、利用船政文化的意义

1. 有利于改革开放。船政文化的实质就是改革开放，就是不断学习、引进、研究、开创新发展模式。

2. 有利于科教兴国。福州为中国著名的院士之乡、教授之乡，这与船政文化开中国现代学堂之风，与马尾有中国第一所高等学校，与福州开留学海外风气之先是分不开的。马尾创造的中国科研与产品挂钩的模式至今仍在使用。

3. 有利于海峡两岸合作交流。清末台湾几次闹台独，皆是福建水军跨海平叛；沈葆桢当年率福州水师驱逐侵台日寇，并开台抚番，垫定了台湾现代化基础，至今台湾保存有众多沈葆桢遗迹，公推沈葆桢为开台之父；福州指挥闽台两地水师；自1949年以后，台湾的海军总司令基本上都是马尾海校学生或福州人；马尾海校学生或福州人，在台湾任海军将军的有数百人；福州众多海军世家有亲人在台湾。

4. 促进旅游业发展。当年尼克松访问，唯一指名要访问的只有马尾，他说自己是海军出身，世界海军皆认马尾为圣地。

5. 有利于团结闽商。目前遍布世界的大闽商，有相当一部分为船政名人后代。

建议

1. 对船政文化古迹挂牌进行保护，不准拆除，建议有关部门制定修复、修整规划。

2. 对船政文化古迹做旅游整体包装宣传。

3. 抢救船政名人的资料与散落文物，派出专人收集整理，尤其是加紧到台湾收集。

4. 组织召开海峡两岸船政文化发展促进会，召开海峡两岸船政文化发展论坛。

5. 出版宣扬船政文化的书籍。

6. 动员社会力量，开办船政文化博览园。如福州海军雕塑群，将福州人参加的历次反侵略海战中的烈士、英雄名字刊列在各个牌上，辅以小雕塑，一个牌一个雕塑由一家企事业单位出资，造价不过3万—5万元，将企事业单位名字雕在基座上。这样既缅怀了先烈，又能鼓励企业做公益。

7. 建议闽台合作，创办船政学院，除了恢复航海、轮机专业，再增设海洋资源及相关海洋发展战略等新专业。

2011年

关于创建防灾、救灾博物馆的提案

我国是一个自然灾害多发、频发的国家。自夏代公元前1831年至今，我国共发生破坏性地震3200多次。1920年，甘肃海原发生8.5级大地震，死亡20万人，近年来，唐山、汶川、玉树大地震，更使人记忆犹新。至于各种矿难，如瓦斯爆炸、塌方、渗水等事故，更是不计其数，防不胜防。随着时代进步，科技发展，人民生活水平大幅度提高，又产生高层建筑消防问题等。因此，为了增进公民防灾、救灾意识，树立居安思危的理念，建立“国家级防灾、救灾博物馆”十分必要：

1. 有利于对公民进行科普教育和生态环保教育。通过各种图片、文字及声像资料再现，利用声、光、电等高科技成果，介绍各种自然灾害成因及恶果，揭示自然现象与人类社会的关系，天灾及人祸的关系，加强全民生态环保的意识及防灾、救灾意识。

2. 全面介绍国外防灾、救灾先进经验。如美国、日本、新西兰是多地震国家，但在城市规划、建筑物设计、建筑材料选择方面都积累了很好经验。特别对国民防灾、救灾培训的经验，值得吸取，能够提高公民防灾、救灾意识，认真应对各种自然灾害，把灾害损失减少到最小。

3. 国家地震局、气象局应大力加强各种自然灾害预报、预测工作，把最新预料成果应用到各种自然灾害预报、预测工作中。国家财经应加大资金及人力投入。

4. 成立国家防灾、救灾中心，加强与发达国家合作交流。一旦出现灾情，立即动员全民（包括军队、地方政府、NGO组织及企业）积极参与防灾、救灾。

5. 加大防灾、救灾专用设备、仪器及器材研发，加大防灾、救灾专业人员培训，提高救援水平。

2011年

关于动员社会力量，加强青少年现代人格培养的提案

青少年是祖国花朵，是中华民族的未来，在努力提高其科学文化和身体素质的同时，塑造良好的道德品行和现代人格，增进其心理、生理健康是我国现代社会发展和进步的需要。提高国民素质不仅包括身体素质、科学文化素质，也包含思想道德素质和健康的人格。早在20世纪初，西方发达国家就把从心理、思想和行为方式上实现由传统人到现代人转变，作为健全现代化制度与经济基础赖以长期发展并取得成功的先决条件，开启了实现人类现代化的历史进程。

改革开放三十多年，我国经济发展发生翻天覆地变化，人民生活水平大幅提高。相对于经济发展，我国教育和卫生事业发展滞后，对青少年现代人格培养未引起有关方面重视。

我国18岁以下人口约3.67亿，0—25岁的独生子女有1.26亿，占同龄人口的27.6%。随着改革开放深入发展，科技进步，社会竞争激烈，社会文化和生活方式呈现多元化发展，青少年面临前所未有的心理压力。处于发育中的青少年，社会经验缺乏，驾驭复杂事物和控制自我情绪的能力弱，难以抵御错误思想及腐败现象侵蚀。部分青少年信仰淡薄，公德缺失，意志消沉，行为失范，不少未成年人走上违法犯罪道路。学校、家庭、社区忽视青少年现代人格培养和心理疏导，不少青少年厌学愤世，性格孤僻，心态扭曲，具有逆反心理。

长期实行计划生育政策，导致我国独生子女在青少年人群中占很大比重，以孩子为中心的家庭结构，使家长过分溺爱子女，教育缺失，使独生子女

独立自主能力、适应能力差，社会责任感不强，进取心弱，对父母、对社会、对国家感恩意识淡薄，吃苦耐劳精神差，有的甚至好吃懒做。

随着农村劳动力大量涌向城市，留守儿童成为我国的特殊群体，全国农村约5800万留守儿童远离父母，缺乏亲情关怀，更缺乏家人对其日常生活行为的引导和教育。

此外，社会离婚率不断提高，单亲家庭的青少年心理和人格问题也不容忽视。

据调查，近20年来，我国青少年心理健康水平在下滑，独生子女尤为明显，青春期躁动、性观念的变化和社会竞争加剧，给青少年生活及学习上带来很大的压力，青少年行为问题、心理生理问题、自杀和婚前性行为问题逐年增多。据统计，我国17岁以下青少年至少有3000万人存在各种情绪障碍和行为问题，其中，中小学生精神障碍患病率约13.47%，大学生有心理障碍者占16%—25.4%。目前我国每年有28.7万人死于自杀。自杀在人口死因中排序第五，而15—34岁青壮年中，自杀在死亡原因中居首位。

为了中华民族的未来，建议有关部门把加强青少年现代人格培养作为国家发展一项重大的战略目标来考虑。为此建议：

1. 由国务院牵头，中央精神文明建设指导委员会会同政府有关部委如人口计生委、教育部、共青团中央、全国妇联、中国科协联合出台《动员社会力量，加强青少年现代人格培养》文件，使这项工作法制化、规范化及常规化。

2. 在各级党委、政府统一领导下，协调相关部门、社会团体、NGO组织，进行社会倡导、制度规划，规范教育内容和教育体系，建立统一咨询服务网络，组织理论学术研究和相关项目开发。

3. 启动“青少年现代人格发展工程”，动员全社会力量积极参与，鼓励支持非政府机构、社会传媒、学校、企业、社区和家庭参与青少年现代人格发展工程，组建“青少年现代人格发展工程联盟”，吸收政府部门、NGO组织、社团机构、学校、社区及有社会责任感、有爱心的企业参与。

4. 各级新闻媒体、电视台、电台、网站及报纸、刊物加大对青少年现代人格培养宣传，向全社会普及。

5. 除了国家财政设立专项资金外，广泛征集民间资金和海外资金，从事利国利民大事，建议批准建立中国青少年现代人格基金。

2011年

关于建设福建平潭至台湾新竹海底隧道的提案

为了建设海峡两岸经济区、促使闽台经济一体化，构建大中华经济共同体，福建平潭海峡公路大桥经交通部批准于2007年12月1日动工建设。

经专家多项论证，福清平潭岛离台湾新竹界最近，横跨台湾海峡通道距离仅122公里，如果能够仿造法国通向英国、建造横跨英吉利海峡海底隧道那样，在福清平潭到台湾新竹修建海底隧道，将大大有利于两岸三通，形成大陆与台湾立体三通（空中、海上、地下）新格局。建议国家发改委及相关部门尽快批准这项利国利民的大项目。

2008年

关于治理道路运输超限超载的提案

道路运输货运车辆超限超载问题，是多年来的社会痼疾，国家有关部门及省市多次专项治理，但每次均是治理在前，反弹在后，屡禁不止，已经成为危及人民生命财产安全和社会稳定、破坏社会主义市场经济健康发展的顽症：

一是严重损坏公路基础设施。有关资料显示，超限车辆每年对全国公路的损害大约在几千公里，而要修复这些公路，则需要上千亿元的资金。二是诱发了大量群死群伤等重大恶性交通事故。据统计，70%的道路安全事故是由车辆超限超载引发的，超限超载现象还导致了道路运输市场的恶性竞争，严重扰乱了运输行业的健康发展。三是造成国家应征规费大量流失，加剧了公路管理和养护资金不足的矛盾。四是破坏生态环境。

其成因：一是追求利润最大化。二是货运成本不断增加使问题日趋严重。三是公路通行能力和车辆技术性能的提高被扭曲的货运业恶意利用。四是现行的养路费、通行费征收办法，使违规者更能获利。五是法律制度不完善，“治超”缺乏足够的法律法规保障。六是滞后的体制严重制约“治超”工作的正常开展。

建议如下：

（一）制定政策法规，保障货运业的合理利益

制定政策法规保障运输业有正当合理的利益，才能规范行业，使其健康发展。应根据我国现阶段干线公路总体技术荷载标准、现有车辆的总体技术性能、可确定的运输成本等主要因素，组织专家对大量在用的有关车辆的技术参数进行重新论证，科学地制定不同类型车辆的最优运载量和最佳安全性与公路技术等级相匹配的符合客观现实的具体运载标准，以发挥车辆、公路的最大效能，避免资源浪费。

（二）完善法律制度

1. 制定《货运汽车运载质量及行驶公路管理规定》。针对“治超”是一项长期的经常性工作的实际，按照管理主体明确、运载标准及法律责任统一、合理、规范，管理职能职责不重叠不交叉等原则，将现行公路运输管理法律法规中有关货运车辆的管理规定进行修改、完善、合并，制定《货运汽车运载质量及行驶公路管理规定》。将交警的职能界定为车辆户籍管理、车辆通行秩序管理、道路交通事故责任认定三类。

2. 尽快制定《超限超载管理条例》。我国现行法律法规对治理超限运输问题作出了一些原则性规定，但不系统、不完善。要协调有关部门综合治理。《条例》应把路查、卸载、罚款、损害赔偿作为治理超限运输的基本手段加以明确，改变现在交通部门手段匮乏、力不从心的被动局面。

3. 明确具体、易操作、更具威慑力的法律责任，对违规者进行严格管理。凡经检测确定超过最高限载吨位5%以内的，给予500—1000元罚款，每超过5%加罚2000元，实行全国“一口价”，并按行驶里程及标准收取公路赔偿费。既让违规者得不偿失，又避免执法队伍搞低额罚款放行、变相创收，最终达不到罚款惩治的目的。对两次罚款仍违规超载经营的，取消经营资格，并规定3—5年后才能再次准入。

（三）改革车辆和交通运输管理体制

1. 理顺交通系统内部体制。为避免多家上路、多头执法、各行其是、互不衔接的问题，应尽快组建交通综合行政执法机构，综合行使经营、路政、规费稽查等行政执法权力；新组建的综合执法机构应在法律法规许可的范围内，有权检查、制止、处罚包括超限超载运输在内的各种违规违法行为。

2. 理顺车辆牌照管理和公路运输管理之间的关系。按照责权统一原则，把车辆牌照管理职能移交交通部门，由交通部门对人、车、路等运输要素统一管理，以达到公路交通部门的基础设施及设备优势与交警部门的执法权力优势的有机结合，改变目前“治超”交通部门想管不能管、“只卸不罚”，公安部门能管而不管、“只罚不纠”的状况。

2011年

关于加强农村信息化的提案

中共中央提出了建设社会主义新农村的重大历史任务，而推动农村信息化，用信息化带动农业产业化和促进农村现代化，对于新农村建设具有重要意义。信息技术具有科技含量高、发展速度快、渗透力和带动力强的特点，它在促进农业增产、农民增收和农村文明等各方面都具有十分重要的作用。

农村信息化包括农业信息化、农村行政管理信息化、农村社区管理信息化、农村医疗管理信息化和农村教育信息化等主要内容。近年来，国家先后采取了不少旨在推进农村信息化建设的措施，农村信息服务体系已初步形成。尽管已取得一定成效，但仍然存在一些困难和问题制约着农村信息化的推进，主要是：

1. 农村电脑、互联网、电话、广播电视普及率偏低。

2. 网络费用过高，制约农村信息化发展进程。

3. 涉农网站缺乏专职人员管理，低层次重复建设现象严重。

4. 农村信息化相关政府部门工作人员信息素质亟待提高。

5. 信息服务渠道单一。

6. 偏重农业信息化建设，忽略农村其他领域信息化。

建议：

1. 构建科学的农村信息化评价体系，有效指导并跟踪农村信息化发展进程。建议信息产业主管机构联合统计、农林部门和信息化专家一起建立科学的农村信息化统计指标体系，并把它纳入统计体系中。农村信息化评价指标体系可由一个总指标（即农村信息化发展水平）及四个一级指标（即农村行业信息化、农村行政管理信息化、农村生活消费信息化和农村社会资源信息化）组成，各个一级指标下设2—3个二级指标，各个二级指标下设3—4个三级指标，所有这些指标将构成一个科学的农村信息化水平评价体系。在此基础上评价各地的农村信息化发展程度、发展目标和发展战略。

2. 动员社会力量，形成合力，全面推进农村信息化。农村信息化是一项涉及多个部门的投入巨大的复杂的系统工程，建议国家统一规划、协调各部门工作，明确政府推动与市场运作相结合的建设思路，通过建立“政府支持，企业运营，社会参与”的多方共赢机制，实现农村信息化的可持续发展。同时理顺产业界和村镇及农户之间的关系，农村信息化的出路不在于推广单一的电脑产品或网络产品，而在于如何给农民提供高质量、低成本的信息服务环境。各级信息化主管部门一方面可促使网络接入服务商降低农户网络使用费，另一方面充当企业间联姻的“红娘”，让处于同一产业链上的企业联手推出适合农村信息化建设的整体解决方案，从而加速农村信息化、产业化进程。

3. 进一步加大农村信息化人才培训力度。一是出台优惠政策吸引信息技术专业人才到农村中小学任教，在农村中小学系统开设信息技术教育课程，通过提高下一代的信息素质来推进农村信息化进程。二是对农民特别是农村种养大户、农民经纪人、农技人员和青年农民进行信息技术培训，在普及计算机技术的基础上，充分利用职业教育体系和远程教育平台，依托农村行业协会组织和合作社组织，把培养一大批不离乡土的有文化、懂技术、会经营的新型农民工作落到实处。三是加强对服务于农村信息化的政府工作人员、农村干部进行信息技术教育，强化信息素养，增强信息服务观念。

4. 加快完善信息基础设施建设，构建立体信息服务体系。建议加大对农村信息基础设施建设投入，解决“最后一公里”问题；充分挖掘互联网、电话、手机短信、网络、广播、电视等多种技术平台信息服务功能，根据本地区产业特征及农民需求，构建全方位的、立体的信息服务平台；同时逐步在行政村设立免费或低价接入互联网的公共信息服务场所或互联网中心。

5. 加强规范，制定农村信息化统一标准和法律法规，实现信息资源的共建共享。建议加强农村信息化规范，制定统一的与农村信息化相关的技术标准、信息标准，改善农村信息化条件；制定和完善适合农村信息化的法律法规。在制定标准的基础上，着手整合涉农部门的资源，统一发布制度，统一标准和规范，建立涉农信息交流共享机制，确保信息的准确无误。

6. 整合农业信息网络资源，强化信息内容建设。建议在对我国农业网站全面调查的基础上，统筹规划，制定农业信息网站整合计划，健全网络功能，强化信息内容建设，避免低水平重复建设，建成农业技术信息服务体系、农村环境信息服务体系、农业要素信息服务体系、农村医疗卫生信息服务体系、农村人口管理信息体系、农村电子政务信息服务体系、农村教育信息服务体系，开发农产品监测预警信息系统、市场监管信息系统和科技市场等综合性信息系统，着力推进网络应用向乡村和农户延伸。

2011年

关于借鉴台湾发展高铁、高速公路和航空机场经验教训，有序发展大陆交通的提案

台湾机场密度位居世界第三，共有18座民航机场，平均每128万人就拥有1座机场。20世纪90年代，台湾经济高速发展，岛内旅客人数从每年1121万人次增加到3700万人次，是同期国际航线旅客两倍多。好景不过十年，2000年后，台湾东部铁路电气化，又修第二高速公路，2007年高铁通车营运，重创台湾航空业：2010年，乘坐飞机旅客下降至900万人，仅是1997年的1/4。

台湾教训，为大陆前车之鉴。目前大陆各地都在大建高铁、高速公路和机场。为了避免重复建设，造成恶性竞争，建议各地政府应根据产业经济发展及人口密度，对究竟需要多少铁路、公路和机场，进行可行性研究，作出统筹规划，避免重复建设。

2011年

【会议发言】

加大对农村专业合作社的金融支持力度，进一步解放农村生产力

近几年来，在党的农村政策的正确指引下，在各级政府的积极推动下，我国农村各类农民专业合作社蓬勃发展，为组织农民进行集约化、规范化、标准化农业生产，促进农产品的产销衔接，防止出现农产品“卖难”问题，保护农民利益，增加农民收入，发挥了越来越大的作用。但是，由于目前农村专业合作社主要从事种植业、养殖业、农产品初加工和运输，注册资本少，缺少可供抵押的资产，社会上的担保公司在缺少反担保措施的情况下，不愿为其提供担保，因此，农村专业合作社很难从银行融入信贷资金，使许多农村专业合作社发展缓慢或陷入经营困境。为尽快解决农村专业合作社“融资难”问题，特提出如下建议：

一、国家的农业政策性银行——中国农业发展银行，应将支持农村专业合作社的发展作为义不容辞的责任，将支持农村专业合作社的贷款列为国家农业政策性贷款。同时，应根据不同专业合作社的性质、经营特点、风险程度，研究开发不同的金融产品，提供不同的信贷服务，为农村专业合作社提供快速、高效、便捷的信贷服务。

二、各级政府部门设立的融资性担保公司，要积极开发新的融资担保产品和服务，为农村专业合作社提供低成本、高效率的保证担保，为农村专业合作社融资创造更多的条件。对各类融资性担保公司为农村专业合作社提供担保

所得的保费收入，国家应减收或免收营业税及所得税。

三、国家应建立为农业、农村和农民服务的农业政策性保险公司，对农村专业合作社从事的种植业和养殖业提供保险。涉农保险的收费率不得高于保险公司的基准水平。同时，国家要引导和鼓励商业性保险公司扩大涉农保险业务。对商业性保险公司开办农业种植业和养殖业保险业务取得的保费收入，应减收或免收营业税和所得税。对涉农保险发生的亏损，国家应给予必要的补贴。

四、中国银行业监督管理委员会、中国保险监督管理委员会应加强对涉农信贷资金使用的监督和管理，确保国家用于农业的信贷资金全部用于农业。防止农业信贷资金“农转非”和以支持农业为名，转移支农信贷资金用途。

2012年

充分发挥国家农业政策性银行作用，切实加大对农业科技的信贷支持力度

今年的中央1号文件《关于加快推进农业科技创新、持续增强农产品供给保障能力的若干意见》，唱响了增加农业科技投入的主旋律。文件要求，“支持农业发展银行加大对农业科技的贷款力度”。而作为国家农业政策性银行，中国农业发展银行应该在支持农业科技创新过程中发挥好主力军作用，特提出以下几点建议：

一、扩大对农业科技的信贷支持范围。根据中央1号文件精神，中国农业发展银行的农业科技贷款范围应覆盖：农业标准化生产、规模化种养、设施农业、园艺作物标准园、禽畜水产示范场、菜地基础设施建设、肉牛肉羊标准化养殖和原良种场建设、生猪和奶牛规模化养殖、水产养殖生态环境修复、远洋渔船更新改造、高效安全肥料、低毒低残留农药的生产和流通等。

二、扩大贷款对象。对符合农业科技贷款支持条件的企事业法人、科研单位、农村专业合作社，只要产权明晰、治理结构合理、有还款能力，都应列入中国农业发展银行的农业科技贷款支持对象范围。

三、降低贷款条件。对符合农业科技贷款支持条件的借款人，中国农业发展银行应适当放宽所有制形式、借款人注册资本金、项目资本金比例、信用等级等限制，切实解决农业科技企业和科技项目“融资难”的问题。

四、创新贷款方式。对农业科技贷款的方式，应根据借款人的实际情况，在充分利用好传统抵押担保方式的基础上，积极探索专利权质押、预期收入质押、政府融资平台担保等多种贷款担保方式，解决农业科技企（事）业单位和项目可抵押资产过少或没有抵押资产的问题。既要保证这些借款人能借到

款，又要保证银行贷款风险能得到有效控制。

五、安排专项计划和资金。为保证农业科技贷款投放量，中国农业发展银行每年应安排用于支持农业科技的专项信贷计划和资金。专项农业科技信贷资金必须全部用于支持农业科技，不得挤占挪用。同时应加强对专项资金使用效率和效果的考核，确保这些专项信贷资金投向准、投量足、效益高。

2012年

关于加强扶贫开发工作的建议

改革开放三十多年，我国经济发生翻天覆地的变化，举世瞩目，人民生活水平大幅度提高。但是贫富差距、城乡差距、东部沿海和西部地区经济发展差距加大，社会矛盾加剧，影响社会和谐稳定。

在中央领导下，国务院扶贫办长期领导我们扶贫事业，做了大量工作，取得显著成就，但是工作范围仅局限于贫困地区、革命老区、少数民族地区及边远山区。城市弱势群体——农民工、下岗工人及历届未就业大学毕业生总计一亿多，还没有专门机构负责其扶贫济困问题。为此建议：

1. 国务院扶贫办更名为国务院富民办公室，由副部级升格为正部级，把城乡贫困群体全部涵盖，加大国家财政支持力度。

2. 按胡锦涛总书记指示精神，动员全社会力量参与扶贫开发事业，统筹解决城乡贫困人群扶贫济困问题，建议由国务院扶贫办牵头，组织中央各部委扶贫办、社会上公益慈善NGO组织和具有社会责任感有爱心的企业家大联合，加大社会扶贫力度，实施资金、人才、市场和信息资源共享，共同为减小贫富差距、城乡差距、东部沿海和中西部地区经济发展差距作贡献。

3. 加大金融体制改革，面向城乡弱势群体，解决他们创业过程中贷款难问题。建议组建“中国扶贫开发银行”（或中国富民银行），自筹民间资金，开发小额贷款业务。学习借鉴孟加拉尤努斯（获诺贝尔和平奖）格莱珉银行经验，组建“穷人银行”。

4. 适度开放博彩业。多年来，我国发行体育彩票和残疾人彩票已积累很多经验，建议开放“扶贫彩票”（或“富民彩票”），用于扶贫济困事业，扶贫彩票业务由国务院扶贫办管理。

5. 加大产业扶贫力度。公益慈善活动捐款是输血模式，救急不救穷，不能从根本上解决城乡贫穷人群的贫穷面貌，长期使用易引起副作用，养成“懒汉”思想。扶贫济困应着眼于发展生产，使贫困人口用自己的双手，用自己的聪明才智，利用当地资源，响应动员创业，从根本上解决贫穷问题，通过发展产业（工业产业、农业产业、文化产业、旅游产业等）使自己富起来，培养造血能力。动员有社会责任感或有爱心企业家通过发展产业来扶贫济困，建议我国转变扶贫模式，从输血扶贫模式转向造血模式扶贫，从扶贫济困模式转向开发式扶贫和产业扶贫，从悲情式扶贫转向快乐式扶贫。

6. 加大国际合作交流力度，拓展新领域，组建“产业扶贫基金”“产业发展国际联盟”，每年定期召开“产业发展论坛”，学习借鉴国内外经验。

7. 加大宣传力度，争取国际话语权，建议由国务院扶贫办牵头发表《中国扶贫白皮书》，向全世界宣传我国改革开放三十多年来、扶贫开发事业的成就。

8. 尽快出台《扶贫法》，规范我国扶贫开发事业，使扶贫各项工作做到有法可依、有章可循、依法办事。

2010年

推动闽台经济一体化　促进海西经济发展

随着世界经济全球化发展，区域经济发展一体化趋势越来越明显，其中最成功的发展案例是欧洲经济共同体。在和平发展过程中，实施“资金、人才、市场、信息”四大资源共享，最终达到共赢目的，其好处是多方面的：欧共体国家之间人民出入境互免签证，自由出入；进出口贸易互免关税；货币统一为欧元。2009年欧共体选出欧共体总统和外交部长。三十多年来，我国实施改革开放政策，建设中国特色社会主义，创造中国发展模式，经济发生翻天覆地变化，人民生活水平大幅度提高。近年来，我国积极与国际接轨，加入WTO，加入世界卫生组织，积极参与国际事务，参与构建“中国—东盟自由贸易区”建设，我国综合国力进一步提高，取得举世瞩目的成就。事实证明，邓小平的改革开放政策英明伟大，“一国两制”政策也得到了验证，中央给予香港、澳门“自由行”“CEPA”（Closer Economic Partnership Arrangement）政策，使其经济保持持续繁荣稳定，也为台湾回归祖国怀抱起榜样和示范作用。

一、大中华经济共同体构思

前年全国两会期间，我提交《关于构建大中华经济共同体提案》，建议海峡两岸四地（大陆、台湾、香港、澳门）经济全方位合作，构建大中华经济共同体，实施“资金、人才、市场、信息”资源整合，和平发展共赢。提案引起海内外媒体关注，香港《文汇报》《大公报》，台湾《中国时报》全文刊登，随后又接受台湾东森电视台专访。

主要思路如下：

1. 海峡两岸全面“三通”。

2. 金融全面合作。海峡两岸银行在对方设分行，共同应对国际金融海啸。最后，水到渠成，仿照欧共体做法：人民币、台币、港币、澳门元统一为“中华元”。

3. 海峡两岸四地构建“亚太航运中心”：上海洋山港、宁波北仑港、福州江照港、厦门、台北、高雄、香港、澳门形成亚太航运中心，台湾海峡成为黄金航道，除了货运航线，还要开辟客运航线、海上旅游航线。

4. 海峡两岸四地合作开发东海大陆架，台湾海峡，南海海底石油、天然气，利用风能、太阳能、核能、潮汐能。

5. 共同开发海洋生物资源及海岛资源。

6. 建立海峡两岸军事互动机制，为了维护国家主权，组建联合舰队，捍卫钓鱼岛及南沙群岛主权，共同远赴索马里海域，为两岸四地航船保驾护航。

经过两年努力，海协会和海基会在“三通”“金融合作”及有关方面达成共识，并付诸实施，预计今年两岸签订ECFA（Economic Cooperation Framework Agreement）。

二、闽台经济一体化建议

去年，国务院出台支持海峡两岸经济区建设文件，同时允许福建省在对台经济合作交流事务上先行先试，为了抓住机遇，促进海西经济发展，建议如下：

1. 首先在闽台经济一体化方面争取中央支持，比如：福建居民与台湾居民来往互免签证，自由出入。闽台两地进出口货物互免关税，闽台汽车实施深圳与香港、珠海与澳门一样的双牌照，自由通关。

2. 建议厦门与金门架设厦金跨海大桥，向国务院申报“厦门对台特区”（厦门、泉州、漳州、金门）城市群建设，构建对台自由贸易区，建议“厦门湾辟为国际海上旅游特区”，筹建“海峡国际食品博览园”与“海峡国际服装博览园”，把厦门建成“食尚之都”和“时尚之都”，重点发展文化创意产业和旅游文化产业。

3. 把福建省会福州沿闽江城市升格为滨海城市。福州周边的长乐、福清、闽侯、闽清、平潭变为福州几个区，加强与马祖岛合作。平潭离台湾新竹仅128公里，可郊仿似法国与英国在英吉利海峡修海底隧道，由平潭岛直通台湾新竹。充分利用平潭岛资源，开辟海上旅游对台特区、对台客运航线、游轮码头、游艇码头，发展太阳能、风能、潮汐能发电，发展新能源岛。闽侯构建“海峡国际汽车城”，汇集世界各大汽车公司总部、国际汽车制造中心销售中心、国际汽车产业发展论坛、世界汽车配件交易电子拍卖市场、汽车模特评选等。

4. 海峡两岸文化全方位交流。充分宣传莆田妈祖文化、东山关帝文化、客家文化、福州船政文化、闽南文化、宗教文化、民俗文化及泉州海上丝绸之路文化等，大力发展文化创意产业。例如：把福州旗山万佛寺作为海峡两岸佛法及佛教艺术文化交流基地，促海峡两岸佛法交流，建海西旗山万佛圣地。

5. 闽台两地城市互动。台北与福州、高雄与厦门构建姐妹城市，召开“现代城市发展论坛”，共同探讨社区建设，构建和谐稳定社会。

6. 闽台两地大学、职业学院合作，允许互招学生，互派访问学者，互聘教师，大学毕业生可在对方自由择业。

7. 闽台两地医疗机构互派医生，允许两岸居民患者自由择医，定期召开“中医药产业发展论坛”。

8. 特批厦门成立“厦交所”（厦门证券交易所），允许闽台两地企业在对方上市。

9. 闽台两地合作成立“应急救灾组织”，共同应对地震、台风、水灾等自然灾害，保护两岸人民生命和财产安全。

2012年

关于组建中国扶贫开发银行的建议

根据联合国开发计划署的统计数字，中国目前的基尼系数为0.45，占总人口20%的最贫困人口占收入或消费的份额只有4.7%，而占总人口20%的最富裕人口占收入或消费的份额高达50%。在短短20多年的时间里，中国已经从一个平均主义盛行的国家，转变为贫富差距扩大现象严重的国家。尽管党和政府及社会对贫困人口给予了极大的关心和帮助，但如何让中国最低层的贫困人口以最快的速度脱贫致富，依然是中国执政党、政府和社会面临的一个巨大挑战，也是中国贫困人口对党和政府及社会的最急切的期盼。

国际社会公认，贫穷是产生社会矛盾的根源，贫富差距过大则是造成社会不和谐、不稳定的主要因素。当今世界不论社会制度如何，经济发达程度有何差异，各国一个共同的社会观象是穷人都享受不到公平的金融服务，银行“嫌贫爱富”、贷富不贷穷是其共同遵循的市场经济铁律。这一点，在中国也不例外，不论是国有商业银行，还是股份制商业银行；不论是政策性银行，还是农信社、村镇银行、小额贷款公司，对无资产抵押、无公司担保的穷人贷款一概不会受理：穷人同样享受不到社会向公民提供的金融贷款服务的权利，因穷而无公平，因穷而无权利，穷人信贷需求，社会不予回应。一项调查表明：中国农村约有5500万低收入农户，能从信用社获得贷款服务的不到1/5，尚有4000多万农户得不到信贷服务，即使向每户提供一次1万元的贷款，信贷需求缺口就在4000亿元以上，如扩大到城乡近亿的穷困人口，若向每人提供一次1万元的贷款，信贷需求缺口就达1万亿元之多。改革开放三十多年来，中国一直在探索一条使贫困人口通过自身努力，创业脱贫、劳动致富的产业扶贫开发之路，使国家由“输血扶贫”变为“造血扶贫”，其瓶颈就在于始终未能找到解决金融扶贫信贷服务缺失的有效途径。

努力缓解和消除贫困是实践科学发展观的重要内容，也是构建和谐社会的基础，中国扶贫开发协会在坚持以科学发展观统领扶贫开发工作的同时，一直致力于探索金融扶贫开发的新思路、新举措，并对国内外金融扶贫模式、经验进行了充分的研究与论证，一致认为，组建一家全国性的以贫困人群为主要服务对象的金融扶贫机构，可以有效地解决金融扶贫这一短板，让中国最低层的贫困人口享受到公平的贷款权利，帮助其实现脱贫致富的梦想。

目前，国际上公认的专为穷人提供小额信贷服务的孟加拉国格莱珉银行模式正在我国海南省进行尝试推广，中国银监会刘明康主席专门就此批示“好的开端、加强监管、加快推广”。中国扶贫开发银行将在借鉴格莱珉银行小额信贷项目成功经验的基础上，根据我国农村及城镇社区贫困人口的现状，以扶贫开发为核心，为不同的贫困人群设计不同的扶贫项目，并提供信贷支持，金融扶贫对象不再局限于农村贫困人口，而是扩大到城镇社区。

中国扶贫开发银行在市场定位、营运目标及运行模式上将完全不同于现行的其他金融机构，将有效地填补现行金融机构在扶贫功能及定位上的缺失。

1. 市场定位不同。中国扶贫开发银行将以向国内最低层的贫困人口提供信贷服务为目标，主要目标客户群瞄准无法从商业银行、小额贷款公司、农村金融机构获得贷款支持且具有劳动能力的农村及城镇贫困人口、失业人员、残疾人、未就业的大学毕业生。通过发放小额贷款，向其提供创业资金，促使这部分人脱贫与就业。

2. 营运目标有别。中国扶贫开发银行追求的是经济效益与社会公益效益的最大统一，并不是为了自身利益，而是把所得利润的大部分仍用于新的扶贫项目、新的扶贫领域，以更好地服务于国家扶贫开发的总体战略，盈利的最终目的是实现国家和社会公共利益的最大化。中国扶贫开发银行将在公司章程中规定，银行年度盈利的50%不用于分红而是专项用于扶贫开发，以实现持续扶贫的目标。

3. 运营模式上有差异。

（1）建立富人出钱帮穷人的资本金募集及扶贫存款机制。不需要国家财政出资，而主要是在富裕地区和富裕人群中吸纳愿意参与扶贫事业的企业及个人的资本金及存款，形成资金来源的多渠道和特定化，然后在贫困地区发放贷款，让先富的人帮助后富的人，让最富的人帮助最穷的人。而对于先富起来的人而言，扶贫不仅仅是行善，更是重要的社会责任，政府应主动引导这部分社会力量参与中国的扶贫事业。组建的中国扶贫开发银行将主要吸纳中国富人阶层的投资作为资本，仅以中国前500名富人（个人拥有资产均在13亿元以上）每人出资1000万元的标准计算，中国扶贫开发银行就可以募集到50亿元的资本金。

（2）建立“多户联保+风险基金+循环贷款”的贷款模式。尤努斯创办的格莱珉银行的成功经验告诉我们：市场化的银行服务可以有效地帮助穷人摆脱贫困。只要相信贫困者的生存技能和诚信品格，穷人完全可以利用针对其量身打造的市场化的银行服务及金融产品（主要是小额信贷），通过创业和劳动逐步摆脱贫穷。中国扶贫开发银行将根据中国农村及城镇社区的实际情况，将同一社区内社会经济地位相近的贫困者在自愿的基础上组成贷款小组，小组成员相互帮助选择项目，相互监督项目实施，相互承担还贷责任，形成多户联保的机制，然后向小组成员提供无抵押的、短期的小额信贷，并要求贷款人分期还款，按期还款后可继续借贷并可扩大借款额度。

（3）实行差异化的服务方式。中国扶贫开发银行除在省会城市及国家贫困县设立分行外，将以社区、乡镇为单位设立分理处，以村为单位设立代办点，实行上门送贷款、收本息的“流动银行”服务方式。

中国扶贫开发银行的性质将定位于全国性股份制商业银行，建议政府给予必要的政策支持。

1. 税收政策。减免部分营业税和所得税。这主要是因为银行盈利的50%用于了扶贫，因此，申请在税收上作相应的减免。

2. 利率政策。在基准利率的基础上，中国扶贫开发银行的存款利率可上浮0.5%—1%，以解决因储蓄网点少而导致的吸收存款困难的问题。

拟设立银行的名称：中国扶贫开发银行股份有限公司。

总行设在北京，分行设在国内省会城市，支行设在全国592个国家级贫困县。

注册资本及股权结构：注册资本50亿元人民币。全部由国内富人阶层及企业出资。

公司治理架构：建立规范的股东大会、董事会、监事会和独立董事制度，建立科学的权力制衡、责任约束和利益激励机制；实行董事会授权下的行长负责制及总行领导下的分行责任制，在城市社区及乡镇一级设分理处，在各村庄实行代办员制度。

为减小运行风险，控制银行呆坏账发生率，确保运营资金的安全，实现稳健运营的目标，中国扶贫开发银行将制定完备的风险控制体系及科学的业务运营流程，强化自我约束机制，自觉接受中国银监会的领导与监管。建立审慎规范的资产分类制度和拨备制度，充分计提呆账准备金，确保资产损失拨备覆盖率始终保持在150%以上，全面覆盖风险；建立健全内部审计稽核制度；建立透明的信息披露制度；建立严格的任职资格制度，培养一支高素质的从业队伍，面向农村、面向穷人，招募大学毕业生投身于中国扶贫开发银行事业，学习尤努斯的精神，牢固树立为贫困人群服务的责任感和使命感。

2010年

构建生态矿区，保证矿区经济可持续发展

2009年，由农工党中央和中国扶贫开发协会联合发起的“矿区土地治理”专题调研开始启动，这是党派中央与民间组织首次联手，共同参与构建“生态矿区”的专题调研。调研组分别去陕西与山西调研。其特色之一是政府、党派、民间组织、大专院校专家和有社会责任感、有爱心的企业家组成联盟，共同参与；另一特色是探索把矿区土地治理与新农村建设、扶贫开发结合，通过产业扶贫，从根本上改变矿区老百姓的脱贫致富问题。课题高级顾问分别是全国政协副主席、农工党中央常务副主席陈宗兴和第十届全国政协常委、中国扶贫开发协会会长胡富国。

在课题调研基础上，我在2011年全国两会期间分别向大会提交了《关于尽快出台〈生态矿区土地治理法〉构建‘生态矿区’，保证矿区经济可持续发展》及《关于关注煤田自燃引起生态破坏的提案》，分别反映了陕西神木、府谷地区一系列问题：由于大规模开采煤矿，造成山体崩塌、地表裂陷；由于采空区面积日益增加，造成大量地表设施损毁及地下水位下降；由于资源过度开采，造成生态破坏，环境恶化；由于生态补偿机制不健全，神木、府谷人民为资源开发付出很大代价，却未充分享受到资源开发的成果，以及采煤塌陷事故时有发生，引发群体上访事件，影响社会和谐稳定等。

为贯彻党的十七大精神，落实科学发展观，加快社会主义新农村建设，中国扶贫开发协会产业扶贫委员会努力探索“矿区土地治理”新途径、新办法，希望把神木、府谷作为构建生态矿区土地综合治理试点，基本思路是：鼓励企业在开采地下矿产的同时，兼顾地面土地治理，包括矿区老百姓脱贫致富问题，把矿区建设成为社会主义新农村，待取得经验后，报国务院和国土资源

部进行全国推广，并出台关于生态矿区土地综合治理的政策法规，使其制度化、法制化和规范化，从国家层面上解决构建生态矿区的问题，保证矿区经济可持续发展。

陕西省政府对提案极为重视，由省政府督察室武成甲同志牵头，多次召开座谈会，会同陕西省发改委、国土资源厅、住建厅及榆林市政府共同组织专家调研，并采取一系列措施对构建生态矿区、保持矿区可持续发展系列问题做了认真研究，并由陕西省政府省长赵正永亲自签发给我答复件。陕西省政府对我的提案答复，我非常满意。我是第九至十一届全国政协委员，不少参政议政提案被中央有关部委及各省采纳。可以说，这次陕西省政府办案最认真，效率最高，最有特色，一是有创新观点，二是有可操作细则，三是建立与政协委员互动机制。提出建议，希望委员协助向中央呼吁，在生态补偿、财税分配、强化土地及矿产资源保障等方面，加大生态环保政策支持力度，向陕西省给予政策倾斜和支持。

2012年

关于建设中国非物质文化遗产世界博览园的建议

我国是历史悠久的文明古国，在绵延五千多年的漫长岁月中，中华民族创造了丰富多彩的文化遗产。其中大量绚丽多姿、异彩纷呈的非物质文化遗产，体现了中华民族特有的生活方式、道德观念、审美情趣和艺术风格，既是中华民族灿烂文明史的见证，联结民族情感的纽带，又是具有重要价值的文化资源。

党和政府十分重视保护非物质文化遗产，在非物质文化遗产的抢救、保护、传承和利用等方面做了大量卓有成效的工作：非物质文化遗产保护工作机构不断健全，经费投入持续增长，普查、名录体系建设，代表性传承人认定和管理，文化生态保护区建设等各项工作扎实推进，非物质文化遗产保护立法进程日益加快。

随着工业化、城市化和全球化的加速，非物质文化遗产赖以生存的环境遭到了不同程度的破坏，如果不进行抢救、保护和传承，大量非物质文化遗产将被边缘化，甚至产生消亡的危险。我们认为，对于非物质文化遗产的保护应在深入普查、系统研究、强化传承、建立文化生态保护区的同时，进一步加快非物质文化遗产保护的基础设施建设，不断创新保护方式，积极探索生产性保护，以实现非物质文化遗产的活态传承、整体性保护和可持续性保护。

基于这样的认识，我们建议，选择适当的区域规划建设一座中国非物质文化遗产世界博览园，为中国非物质文化遗产的收藏、研究、传习、展示和合理利用等，提供系统环境和支撑平台，并发展成为继2008年北京奥运会、2010年上海世博会之后的又一个吸引世界各地游客的重要文化旅游产业基地。

建成后的中国非物质文化遗产世界博览园占地应在5000亩左右，成为集非物质文化遗产的抢救保护、研究展示、传承弘扬于一身，吸引国内外游客、学者观光旅游和进行学术研究、交流的超大规模文化旅游与博览观光园区，并适度进行产业化延伸。

博览园按静动结合的原则进行规划布局，可分为核心区、拓展区、产业发展区三大区域，核心区以集聚收藏和重点保护全国乃至世界各地原生态的非物质文化遗产精品项目为主，按不同国家设立主题展示馆区。其中，中国馆可再细分专题，建设中国传统与民间戏曲、民间舞蹈、民间书画、民俗民风、餐饮、园艺盆景、传统手工艺、传统医药等若干个各具特色的主题园区；拓展区设立中央演艺广场，主要把非物质文化遗产中参与感高、观赏性强的项目用动态鲜活的方式进行表演和诠释，一年52周，每周举办一个国家文化艺术节，吸纳52个国家的文化艺术团体进行各具风情的文艺表演，并吸引参观者进行互动体验；产业发展区依托项目所在地的文化、旅游资源，建设融创意文化、非物质文化遗产衍生品开发经营、旅游观光、休闲娱乐为一体的文化旅游产业基地，并推动当地旅游工艺品、文化创意产品等的开发、生产和出口，形成文化旅游产业链和产业集群，把项目所在地打造成区域文化创意产业中心。

在中国非物质文化遗产世界博览园的规划选址上，应该从区位优势、经济发展、文化资源、政府积极性、对全国乃至世界非物质文化遗产保护的影响力等方面综合考虑，我们建议选择位于长三角经济圈核心区的江苏省中部城市姜堰市，主要基于三个方面：

第一，江苏位于东部沿海发达地区，南北地理位置适中，特别是全国最大的经济圈——长三角经济圈16个重点城市半数在江苏，人口密度大，流动性强，经济和社会发展活力充沛，在苏中地区建设中国非物质文化遗产世界博览园，对非物质文化遗产保护的社会宣传具有极强的示范、辐射和带动作用。

第二，江苏是经济强省和文化大省，具有较强的经济实力和文化软实力，并提出了建设文化强省的目标，出台了《文化产业振兴规划》；江苏的非物质文化遗产资源丰富多样，入选国家级目录的项目有80多个，位居全国前列；同时，位于江苏省地理中心位置的姜堰市扼江淮海水陆交通要冲，东连沿海外向型经济带，紧邻上海、南京、苏州、无锡、徐州等大型城市，是楚汉文化、江淮文化与吴文化的交融会接之地，境内有国家级湿地公园溱湖风景区、中国历史文化名镇溱潼镇、泰州华侨城等丰富的旅游资源，是苏、浙、沪、鲁、豫、皖等省市南下北上、东来西往的交通咽喉之地，2007年、2008年分别荣膺全国县市域经济百强称号，在此规划建设中国非物质文化遗产世界博览园具有较为坚实的基础。

第三，姜堰市还是一座具有特殊政治意义的城市。在这里建设中国非物质文化遗产世界博览园，其影响无疑是巨大而深远的。

2010年

关于创建郑和航海博览城的建议

郑和作为世界上第一位伟大的航海家、外交家和海上贸易的开创者，他环球航海的影响力几百年来已超越国界，成为国际学术界引人注目的重大研究课题。然而在国内，长期以来，关于郑和七下西洋的航海壮举只是在学术和研究圈子里“知名”。

1986年5月，“世界交通通讯博览会”在加拿大著名旅游城市温哥华举行。这个以“世界在运动”为主题的博览会，筹备了10多年，耗资16亿加元，有国家和地区的展览馆80多个，中国馆是其中最有特色的四大馆之一。主办方提出，郑和下西洋、秦代兵马俑、京杭大运河等为中国的必展项目。这样，比哥伦布早87年而七下西洋的郑和，在沉默了五个多世纪之后，才“东渡”加拿大，许多学者在参观之后深有感触地说：“要重新认识东方，重新认识世界！”

郑和七下西洋的英雄壮举已经成为世界历史文化的一个重要组成部分，是中华传统文化的重要体观。而郑和也成为令海峡两岸同胞和全球华人共同为之自豪的民族英雄。

放眼世界各民族，只有中华文化连绵数千年，持续发展没有中断。这个事实的本身就表明了中华文化的伟大生命力。文化是靠人来传承的，中华民族之所以能把中华文化世代相传，就是因为这种文化被我们广泛地接受和认同，它具有强大的吸引力和凝聚力。在长期中华文化熏陶下成长起来的中华儿女形成了“修身、齐家、治国、平天下”“国家兴亡、匹夫有责”“先天下之忧而忧，后天下之乐而乐”的广阔胸怀和高尚的人生观和价值观。郑和七下西洋，虽然拥有当时世界上最强大的海上武装，但他们在去过的地方却秋毫无犯，反而“贵买贱卖”，打击海盗，帮助当地维持治安，这也正是中华传统国学中“和谐”思想的体现。无数中华儿女正是在中华文化的哺育下，才融汇成了中华民族这样一个牢不可破、团结祥和的大家庭。

在经济全球化的今天，我国经济正处在转轨的历史时期，有些人，尤其是一些年轻人不了解或是忽视了中华民族优秀的传统文化；老一代的爱国者担心他们的后代不懂中国文化，这样不但对他们自身的成长和发展不利，而且对中华民族长期的凝聚力也将产生不良影响；近几十年“台独”势力在台湾岛内大搞“去中国化”的活动，就是企图通过“文化独立”来切断台湾同胞和大陆同胞的文化联系。

长期以来，“郑和文化”和传统的中华国学只是在高等教育阶段、研究圈子里流传，有些内容对海外华人、台湾同胞和现代青年人而言生涩难懂。我们认为，广泛“学习郑和、研究郑和、宣传郑和”是新时代进行爱国主义教育、振兴民族精神、增强全球华人尤其是台湾同胞民族认同感的重要精神和实物教科书。

宣传国学和郑和的最佳手段，就是用现代建筑语言、环境营造和艺术的表现手法把传统国学精华部分和郑和航海中的人物、事件和城市的发展规划结合起来，建成一个具有长久的巨大影响力的标志性文化工程。这样一个文化标志性工程不但是城市一个新的地标、一个新的旅游景点，更是对祖国早日统一和维护中华传统文化的安全都具有十分重要战略意义的工程。

南京作为六朝古都和郑和当年七下西洋的决策地和出发地，有着深厚的历史文脉，也有一些与郑和有关的文物古迹，是建设这样一个文化标志性工程的最佳城市。建设这样一个文化标志性工程要做到内容丰富、以商养文，使景区建成后能做到自给自足的良性循环。除了有必要的供瞻仰、研究、学习的雕像和建筑外，还要有展览，商业、休闲建筑和相应的空间环境设计。

整个园区以通俗的文字、生动的人物塑像群、丰富的物品展示、准确的讲解、古朴典雅的明文化风格与和谐休闲的现代环境构成一本通俗易懂的郑和航海文化与中华传统文化的立体教科书。把“郑和航海博览城”打造成一个进行中华传统文化和爱国主义教育的基地。

郑和航海博览城主要内容规划：

1. 主题纪念广场（明文化风格）。

2. 郑和塑像（江边，高61米）。

3. 国际郑和研究中心。

4. 郑和文化国际论坛。

5. 郑和航海博物馆。

6. 郑和影视基地（主要提供与郑和、海洋有关的影视剧的创作和拍摄服务）。

7. 微缩郑和七下西洋主要国家和地区的标志性景点（当地饮食文化、民俗文化及休闲文化，同时有动态表演节目）。

8. 中华思想先贤塑像走廊（选择200位对中华、对世界有影响的思想先贤）。

9. 中华武学宗师塑像走廊（选择200位对中华、对世界武学有重大影响的中华武学大师和武状元）。

10. 中华国学培训中心（和北京电影学院、少林寺等合作）。

11. 中国策划咨询产业园（国内外各类策划咨询类企业集聚区）。

12. 与郑和文化创意产业相关的商业配套。

说明：整个景区的建筑风格以明文化为基本格调，局部配以现代建筑。在环境营造和建筑设计上要体现“没有创新的复古是对传统的背叛”的创作设计原则，同时应体现中华哲学思想中的“和”意涵，体现“天人合一，天下大同”的“和谐”思想。本主题文化景区总体量应占地3000—5000亩。

2010年

弘扬齐天大圣祖地文化　拓展闽台文化交流

中华民族传统文化是炎黄子孙的血脉传承，然而，从眼下中国传统节日和风俗的日渐淡化，以及各种“洋节”的红火来看，西方文化的渗透可谓影响深远，中国也应该“礼尚往来”，以一种老少皆宜、赏心悦目、普遍认同的抓手，在弘扬中国传统文化的同时，向全球推广以爱国主义为核心的民族精神和以改革创新为核心的时代精神，传播社会主义核心价值观，传播中华民族传统美德，这种“特色”抓手之一就是齐天大圣祖地文化。福建省顺昌县的齐天大圣祖地文化，如今正成为闽台两岸继妈祖民俗文化交流之后，民间交流的又一新平台。

中华民族在上下五千多年的发展进程中，形成了以爱国主义为核心的团结统一、爱好和平、勤劳勇敢、自强不息的伟大民族精神。在改革开放新时期，中华民族又形成了勇于改革、敢于创新的时代精神。在全面建设小康社会、加快推进社会主义现代化的进程中，民族精神和时代精神对中华民族的凝聚、激励作用越来越突出，正成为社会主义核心价值体系中不可或缺的一部分。

齐天大圣是华人家喻户晓的“明星”，有华人的地方就有齐天大圣的故事在传播。他作为华夏儿女最为熟悉的神话人物之一，已经深深融入亿万华人的文化血液中。他战天斗地、忠心耿耿；他信仰坚定、百折不挠；他勤劳勇敢、不怕吃苦；他惩恶扬善、打抱不平；他追求自由、反旧创新，这些正是中华民族精神的生动写照。

齐天大圣祖地文化是全国具有唯一性和鲜明特色的地方名片，亦是独具特色的文化旅游资源。福建省顺昌县齐天大圣、通天大圣祭祀习俗发源久远，因其拥有大量唐宋元明以来齐天大圣信仰实物遗存和丰富多样的非物质文化遗产佐证，被专家学者、台湾及东南亚信众誉为“齐天大圣祖地”，是台湾齐天大圣信仰的源头。当地从2007年起，就开始通过抓新闻、搞节庆、出丛书、树氛围等手段，积极宣传齐天大圣文化，使以“齐天大圣、中华顺昌”为主题的齐天大圣祖地文化影响力日益增强，至今已举办过三届齐天大圣文化论坛并成功入岛交流，举办两届齐天大圣文化旅游节，举办张纪中新版《西游记》顺昌开机仪式和全球首映式，出版《宝山文化丛书》《齐天大圣祖地画册》《顺昌齐天大圣民间故事选集》《海峡两岸齐天大圣论坛文集》《顺昌齐天大圣文化读本》等系列宣传品，尤其是近三年来，在国家、省级媒体报道的新闻量直线上升。

为此，以耳熟能详的齐天大圣取经故事作为弘扬中华传统文化的有效载体，在福建省顺昌县打造中华文化创意产业园，使齐天大圣祖地文化成为具有全球影响力的文化品牌和发展文化生产力的特殊资源，进一步拓展闽台文化交流的新平台，具有以下五个方面的优势：

一是以齐天大圣祖地文化这一老少皆宜、赏心悦目、普遍认同的抓手，向全球弘扬中华民族传统文化和社会主义核心价值观，具有十分重要的战略意义。

二是历史久远、闽台认同。两岸信众自古就有“海祭妈祖、山尊大圣”的文化习俗，齐天大圣祖地文化确立了两岸形式相近的大圣文化交流习俗，同根同脉，这是继妈祖文化之后，闽台文化交流的又一新平台。

三是积极宣传，闽台交流得到进一步加深。经过福建省顺昌县近年来持续不断地推介，顺昌县齐天大圣祖地文化信仰交流活动现在已成为“海峡论坛”的固定项目，齐天大圣祖地文化品牌的影响力日益加强。它不仅成为闽台两岸，亦成为新加坡、马来西亚等东南亚国家和地区齐天大圣信众公认的祖地。弘扬齐天大圣祖地文化，可以更好地发挥海峡两岸之间创意文化产业交流联谊的桥梁和纽带作用。

四是历史与现实交错，地理位置适中，为打造齐天大圣文化品牌的旅游目的地提供了保证。齐天大圣祖地文化早于《西游记》成书两个世纪，众多情景与宝山等天然景观相互吻合，顺昌县又处在海峡西岸“大武夷旅游圈”的武夷山、泰宁两个世界级旅游胜地之间，为齐天大圣祖地文化游奠定了现实基础。

五是地处闽江上游，有利于保护区域环境。顺昌县地处闽江上游金溪、富屯溪交汇处，富屯溪是闽江三大支流之一。在福建省顺昌县打造中华文化创意产业园，推广绿色模式的旅游产业，对保护母亲河、造福子孙后代具有不可替代的意义。

“齐天大圣祖地”品牌具有不可复制性，互补性高，易塑性强，以上这些优势均有助于在顺昌县打造中华文化创意园，并使其成为福建省“十二五”期间最易打造的文化品牌之一。

建议：

在福建省顺昌县建设中华文化创意产业园，项目总投资约为50亿元人民币，首期投入资金10亿元以上，“十二五”期间全部投资到位。规划用地50平方公里，约7.5万亩，项目用地比例：旅游开发用地约占50%，生活配套商住用地约占33%，教育行政用地约占10%，新农村建设用地约占7%。

一、要树立以政府投入为主的大局意识，把打造齐天大圣祖地文化品牌作为政府工作的一项系统工程，“一张蓝图绘到底”式地长期不懈地抓下去。争取获得中央宣传部、文化部、旅游局、宗教局、中央电视台、中国动漫集团公司、道教协会、佛教协会以及台湾有关团体等单位的支持，推动福建省顺昌县齐天大圣祖地文化的传播。

二、创作一部有关齐天大圣祖地的动漫系列片，将《西游记》的动画片改编成“齐天大圣”动画片。

三、要将齐天大圣文化融入城市经营、旅游经营，并坚持教化物化、深度融合的理念，将地方文化资源优势转化为文化资本优势和文化产业优势，投资打造以齐天大圣祖地文化为主题内容的“东方迪斯尼乐园”项目，并争取国家立项。

四、开发与建设文化产业园区和动漫游戏创意产业基地，其中包括动漫影视城、齐天大圣祖地文化主题公园、齐天大圣朝圣广场、宝山中华文化创作基地、生态旅游疗养度假中心、生态度假居住区等项目。

五、按新农村建设用地规划建设农家乐和动漫文化相结合的旅游村。配套当地特色菜肴，抓好拆迁农户就业和生活出路安置配套工作。

六、加大投入，打造平台，不断升级文化交流档次。齐天大圣文化在台湾及东南亚有众多信众，福建省顺昌县现在已获得中国《西游记》文化研究会授牌的“齐天大圣文化研究中心”，确定了在研究、推广齐天大圣文化方面的唯一性。可以开展齐天大圣祖身台湾金身巡安活动，或者以中国《西游记》文化研究会为主办方，顺昌县为承办方，开展各种类型的活动。如有可能，可与台湾地区大圣信众及台北大学院校等相关研究机构共同成立“世界华人大圣文化研究中心”，每年定期举办“顺昌·世界华人大圣文化论坛”“顺昌·世界华人大圣文化旅游节”等活动，并可开展科考、探奇、登山等活动，进一步弘扬齐天大圣祖地文化。

七、多项并举，多渠道推广大圣文化。在动漫、影视、微电影、小说等基础上，还可通过互联网、微博，以及创意产业园区、演出、旅游相关项目等多种渠道来推广齐天大圣祖地文化，让全球华人更加关注齐天大圣，进一步感受中华传统文化的精神所在。

2012年

随感·报道

委员随感

做一名合格的政协委员

回顾我先后担任全国政协委员、省政协委员及常委20多年的历程，我认为，做一名合格的政协委员，一个非常重要的方面，就是要按照委员的权利和义务，积极参政议政，反映社情民意。

从20世纪80年代初走上人民政协这个政治舞台，在历次政协全会上，我先后向全国政协和福建政协提交近300份提案、80多份大会发言材料，成为迄今为止我省上交提案最多的委员。提案《建议保护我国历史文化名城的提案》荣获全国政协优秀提案，三份提案荣获省政协优秀提案。不少意见和建议被有关部门采纳，为我国、我省经济发展与社会进步作出积极的贡献。最近，我整理汇总被相关部门采纳的意见和建议，由中国文史出版社出版《心声》一书，30多万字，附有100多张彩色照片。《心声》反映了一个普通政协委员在党和人民培养教育下的成长过程，反映了一个普通政协委员忠实履行参政议政职责、爱国爱民的心路历程，向海内外显示中国大地上成长的一大批民主党派人士在不同的工作岗位上有职、有权、有责，也显示了中国共产党领导的多党合作是成功的。

20余年的政协历程，上交了近300份的提案，许多人都觉得纳闷：为什么老林总有写不完的提案？一方面，我先后在科研机关、工厂、大学、党派机关、外贸集团、省政府及科技管理部门工作过，不同工作岗位的锻炼，使我有机会结识各行各业的朋友，了解到大量经济建设和社会发展的信息，为提案提供了丰富的原始素材；另一方面，也是最重要的，我认为是责任心的驱使。我深切地感到政协为委员参与国家政治生活提供了广阔的舞台，既然身为政协委员，就直接负有“参政议政”的光荣使命和崇高职责。

有一段时间，我经常在漳泉一带出差，我发现，沿途的不少城市在进行旧城改造过程中，很多古迹都受到不同程度的破坏，有些原来颇有古文化底蕴的地方，甚至已无古迹可寻。这些虽然与我出差所联系的工作不相关，但我认为这是一件关系到继承与抢救民族历史文化遗产的大事，向有关部门反映这一方面存在的问题，是一个政协委员责无旁贷的事。在深入调查研究的基础上，我将自己的所思所想写成了一份提案，呼吁保护中国的历史文化名城，提案立即引起了方方面面的关注。全国政协副主席张思卿亲自率调研组前往全国各地多个历史名城进行考察，证实我所反映的问题的确非常严重，是个全面性的问题。当时的全国政协主席李瑞环还专门就此事作出批示，国务院随即出台了保护99个历史文化名城的政策性文件并付诸实施。

我有个习惯，不管身份职务如何变动，走到哪里我都要让自己的思考延伸到哪里，随身携带的笔记本也总是记满了在基层所听到和见到的一些亟待解决的问题，一有空余的时间就针对性地查阅资料寻找对策，及时地将这些情况写成材料，拟为提案。

1996年，我因工作需要调福建省省政府任副秘书长，分工负责法制、民政、民委、残联工作，同时还有大量事务性的事情，工作很是繁忙，但我时时不忘一个政协委员的职责，积极参政议政，参加土地、环保、计生三大基本国策调研，获得原福建省省长贺国强好评。他在我的调研报告上批示："嘉骕同志对工作很负责，政协会议期间提出大量建设性提案，请有关部门按程序认真办理，关于计生、环保、土地三大国策，请各主管部门分别研究办理。"

1998年我调福建省科技厅任副厅长，分管国际科技合作交流、知识产权工作及联合国南南合作示范基地和亚太食用菌培训中心。我积极把本职工作与发展经济相结合，与参政议政工作相结合，与海外联谊工作相结合，多次向省政府提交有分量的调研报告，原福建省省长习近平同志批示："四份材料已阅，感到文章分析深刻，符合我省实际，一些观点有独到见解，所提对策和建议也很好，省政府将会在今后的工作中认真加以参考。希望你继续发挥专长，积极参政议政，为推进福建省科技创新和经济发展作出新的贡献。"

积极参政议政，要多提提案，而且要提好案。我认为每一份提案都必须是深思熟虑的，而不能简单地将社情民意归纳一下就了事，提案要能促进政府的工作，帮助解决基层单位及群众亟须解决而又被政府职能部门忽略的问题，当然其中还必须包括提案者自身经调研后提出的切实可行的解决办法。只有这样，每个提案才会有影响，才不会被忽视，我是这样想的，也是这样做的。

去年以来，我又陆续获得各方面信息：

全国政协邀请我参加“海峡两岸空中、海中通航情况”专题调研；

我的一份提案《尽快出台民主监督法》，引起中纪委关注，有关领导约见我，就提案中的五条建议进行磋商，大部分意见得到采纳；

我以联合国开发计划署中国政府南南合作专家身份向国务院、外交部、商务部提交《关于中国南南合作建议的提案》，引起高度重视；

《关于建设海峡西岸经济区的提案》引起国家科技部领导重视，对其中建议——筹建“海峡高新科技工业园”和“台湾学者创业园”表示支持；

《关于改进政协工作的建议》和《进一步保持香港社会繁荣稳定的建议》提案引起海内外媒体重视，香港《文汇报》《香港商报》和台湾新闻媒体都做了报道。

我深刻体会到作为一名政协委员肩上的责任，任重而道远。我决心按政协章程规定那样，成为一名合格的政协委员。

（原载于《中国政协》2004年第9期）

为国分忧　为民解难

——我写政协提案的经验与体会

1997年，在省政协会议期间，我共向大会提交了38份提案和5份大会发言材料。贺省长十分重视，作了重要批示，有关部门认真办理，产生了良好的社会效益、经济效益。今年，在全国政协会议期间，我主要围绕国民经济发展、国有企业改革、下岗职工再就业、精神文明建设、海峡两岸“三通”等热点难点问题，向大会提交21份提案和4份发言材料，成为福建省参加全国政协九届一次会议提交提案最多的委员。下面谈谈我的一些想法与体会。

（一）我为何要写这么多提案

首先，提案是政协委员参政议政的重要形式。政协委员参政议政的形式是多种多样的：平时提建议、参加专题调研、撰写调研报告、考察视察、政协全会期间的小组讨论、大会发言等。提案是其中一种重要形式，因为它要求形式规范，内容简明扼要、准确可行，不像口头发言可以是零星的、不系统的，或“据说”的。此外，政协有专门办理委员提案的提案委，以提案形式建言献策容易得到重视，答复率和采办率也很高。据统计，去年全省提案答复和采办率达98.6%。因此，提案不仅是政协委员参政议政的重要形式，也是产生社会效益和经济效益的可靠保证。这是我为什么选择以提案形式建言献策的重要原因。

其次，我具有民主党派成员和政协委员的双重身份，理应积极参政议政，献计献策，履行职责，不辱使命。因此，多写提案、写好提案是我的分内事。

当前，新旧体制转换，利益格局重新调整，社会矛盾多，政府面临的问题千头万绪，特别是三大改革（国企改革、金融改革、政府机构改革），带来下岗人员如何重新安置这一关系社会稳定的大问题。这就需要政协委员以社会、国家为重，积极出谋献策，为国分忧，为民解难。

福建是改革开放的前沿地带，在对台工作中负有特殊使命。如何进一步搞好福建经济，推动新一轮创业，促进两岸“三通”，为统一祖国作贡献，以不辜负党中央、国务院的期望，是省委、省政府、省各民主党派以及社会各界人士的共同职责。问题多，责任重，促使我努力思考，坦诚进言。以我在今年全国政协会议上提交《关于构筑闽台高科技工业园的建议》的提案为例：

不久前，我考察台湾新竹高科技工业园。该区的特点是：规模大，占地8700多亩，从业人员约5.5万人，年产值折合人民币达1200多亿元；设备新，有电脑、半导体、通信、光电、精密机械、生物工程等现代化设备。目前，新竹高科技工业园面临土地紧缺、人才不足、劳动力昂贵等问题，准备在台湾台南开辟第二科学园区。如果我省能利用这个有利时机，充分发挥对台“地缘、人缘、文缘”三大优势，争取在长乐搞个闽台高科技工业园，必将带动我省及东南沿海的高科技发展。

我觉得这是可行的，也是很有意义的。第一，台北至福州长乐飞机航程仅40分钟，而台北至台南的飞行航程也是40分钟；长乐还拥有天然良港松下港，福泉高速公路起点站也在长乐，交通十分方便。第二，福州市、长乐市政府已规划一万多亩海边滩涂地用于招商，因此，用地不成问题。第三，近年来国有企业下岗职工再就业、新一轮机构改革背景下党政干部分流、大中专毕业生分配等问题是省政府面临的一大难题，若能在长乐建立闽台高科技工业园，不仅可解决数万人就业问题，而且可发挥干部、科技人员、技术工人的智慧、特长，其配套建设还将提供几十万人的就业岗位。第四，“闽台高科技工业园”建成后，将提高福建对台地位，有力地促进海峡两岸“三通”。为此，我提出了《关于构筑闽台高科技工业园的建议》的提案，希望我的提案对解决当前的问题有帮助，为进一步推动福建新一轮创业及闽台“三通”尽绵薄之力。

（二）如何写出高质量的提案

1. 要选好题目。提案内容要紧密围绕经济建设这个中心，选择社会热点问题，这样收效才大。

2. 要把政府工作与民主党派参政议政工作结合起来。我在党派机关工作过，也在经济部门工作过，现在在省政府担任副秘书长，工作从微观向宏观转变，许多涉及宏观经济领域的问题，必须从全省或全国范围来考虑。从更大的范围来讲，福建省经济发展离不开台、港、澳地区经济发展、全国经济发展乃至环太平洋经济圈经济发展的影响。从时间跨度上看，有的问题还应有超前意识，必须考虑21世纪初我省经济发展趋势，特别应做中长期经济发展的战略研究。

3. 要搞好调查研究。参加专题调研，要善于发现问题，要敢于提出意见和建议。调研时必须动脑、动手，多看、多听、多问。除了听取有关单位领导介绍情况之外，还要向基层群众询问一些问题，要有甘当小学生的精神；要尽量多接触一些人，了解面尽量广一些。形式可以多样化，如开座谈会、个别谈心等。还要有意识地收集些资料，如照片、书面总结、汇报提纲、统计数据等，以便带回来研究，从中发现问题，提出问题。比如：我调研我省外资项目，发现目前到我省投资的外商比较多的是港、澳、台地区及东南亚国家客商，世界大跨国企业集团很少。我便积极向省领导建议，加强与世界各大跨国公司合作。贺省长十分重视，作了重要批示："同意嘉騋同志建议，加强与世界各大跨国公司合作是我们进一步扩大对外开放，提高对外开放质量、水平的重要内容。要主动走出去，请进来，加强接触。"

4. 对调查内容要精心提炼、加工。调研材料收集之后，还有个分析研究过程，必须去粗取精，去伪存真，这样才能保证调研报告或政协大会发言材料及提案的科学性、严肃性和公正性。

5. 坚持一事一案原则。调研报告及大会发言材料一般综合性较强，内容丰富。而政协提案较简单，要求主题突出，一事一案，切忌一案多事，而且每件提案都要提出切实可行的意见和建议，要求条理清楚、具体、可操作性强，以便政协提案委转交有关部门办理。如果提案面太广，涉及办案部门太多，容易造成“踢皮球”、互相推诿的现象，势必影响办案效果。

（原载于《福建统一战线》1998年第5期）

由船政文化引出的政协提案

走进这一记录了中国百年图强艰辛历程的船政文化博物馆，见到前辈留下的珍贵文物、图片和资料，我禁不住激动万分，浮想联翩，一幕幕往事又浮现在我的眼前……

2008年6月9日至16日，全国政协厉无畏副主席率视察团27人赴厦门、漳州、泉州、福清和福州考察。15日上午，我们视察团全体人员按计划参观了中国船政文化博物馆，接受了一次生动的爱国主义教育，大家都被丰富多彩的船政文化所深深感染……

船政文化博物馆位于福州马尾，建筑面积4100平方米，馆内陈列厅分为序厅、船政概览厅、船政教育厅、船政工业厅、海军根基厅、船政名人堂等。这里珍藏有大量文物、图片、模型以及仿真场景，并通过声、光、电等现代科技手段展现了中国船政文化的光彩。

福州马尾是中国造船业、军舰制造业、航空业和高等院校的首创地，也是中国近代海军的摇篮。这里是近代史上远东规模最大的造船基地。在这里，曾经建成了中国第一艘千吨级军商舰船“万年清”号、第一艘近代化巡洋舰“扬武”号、第一艘铁胁船“威远”号、第一艘钢甲舰“平远”号、第一艘钢甲鱼雷舰“广乙”号、第一艘猎雷舰“建威”号。1917年，马尾又诞生了福州海军飞潜学校，培养了一批飞机、潜艇制造人才，第一架水上飞机也在这里设计制造。

马尾还是中国近代文化传播地。中国第一座“中学为体、西学为用”的船政学堂诞生于此，并为国家培养了严复、詹天佑、魏翰、叶祖珪、刘冠雄、萨镇冰、黄钟瑛、陈季同、王寿昌、林纾等一大批有用人才。船政学堂实行开放式教育，一大批船政学子为推动中学西渐、西学中传和中西文化交流融合作出了贡献。《红楼梦》《聊斋志异》通过陈季同译成法文在巴黎出版。林纾、王寿昌合译《茶花女》，严复翻译《天演论》等西方名著。船政学堂还首创我国赴外国留学制度，1887年，向欧洲派遣第一批留学生，启蒙思想家严复、铁路工程师詹天佑、造船专家魏翰是留学人才中的佼佼者。1876年，在马尾又创办了我国第一家电报学堂，最早在国内发展电信技术，铺设第一条海底电信电缆。据统计，马尾共创造了中国28项第一，扬名中外。

走进这一记录了中国百年图强艰辛历程的船政文化博物馆，见到前辈留下的珍贵文物、图片和资料，我禁不住激动万分，浮想联翩，一幕幕往事又浮现在我的眼前……

说到船政文化博物馆，我还与此有一段渊源。我出身海军世家，父亲、舅父、外公均毕业于马尾海军学校。我父亲学航海专业，曾在国民党海军任职，抗日战争时期，参加过江阴对日反击战。为了保卫陪都重庆，与日寇转战于长江沿岸，在长江沿岸布下水雷阻止日舰侵犯重庆。解放战争时期，在中共地下党领导下，父亲与第二舰队司令林遵一起起义，携一百多名海军官兵与中国人民解放军陈毅将军第三野战军部分将士共同组建了新中国的第一支海军——华东军区海军，即今天东海舰队的前身。舅父学的是轮机专业，新中国成立前夕，在香港参加两航起义，毅然驾驶中华航空公司民用客机飞回大陆。

因为家庭的缘故，我从小就有一种浓厚的船政情结、海洋情结，一直想为继承和弘扬船政文化、促进国家海洋事业的发展做点事情。为此，我在担任全国政协委员期间，相继提交了一系列与船政文化和海洋事业有关的提案。第九届政协期间，我向政协大会提交了《关于保护、开发、利用福州船政文化的提案》，并指出弘扬船政文化重要意义：

1. 有利于改革开放。船政文化的实质就是改革开放，就是不断地学习、引进、研究和创新发展模式。

2. 有利于科教兴国。福州是中国著名的院士之乡、教授之乡，这与船政文化开中国现代学堂之风，与马尾有中国第一所高等学校，与福州开留学海外之风是分不开的。

3. 有利于海峡两岸交流合作。清末台湾几次闹台独，皆是福建水师跨海平叛。沈葆桢当年率福州水师驱逐侵台日寇，并开台抚番，奠定台湾现代化基础。1949年后，台湾海军总司令基本上是马尾船政学堂学生或是福州人，在台船政后人任海军将领的有数百人，福州众多海军世家的亲人也在台湾。

4. 有利于旅游业发展。当年美国总统尼克松访华，点名访问马尾，他说他是海军出身，世界海军认为马尾是海军圣地。

5. 有利于团结世界华人，因为相当一部分船政名人的后代遍布世界各地。

为此，我建议有关部门采取一系列措施，如组建船政文化研究会，对船政文化进行系统研究、保护和开发，组建中国船政文化博物馆，收集相关文物、图片、资料。出版宣传船政文化的书籍，恢复船政学院等，以使船政文化得到更好的弘扬与继承。

此外，2005年我还向第十届全国政协提出了《关于设立中国航海节的建议》，后来又提出了《关于海岛开发的建议》《关于海洋开发的建议》。

令人高兴的是，我的提案得到了有关部门的高度重视。国务院将每年7月11日即郑和下西洋的日子定为我国航海日，全国人大也通过了《中华人民共和国海岛保护法》。福州市政府更是直接采纳了我的建议，2004年在马尾开辟了船政文化主题公园，供游人游览。2005年，中国船政文化博物馆也正式建成，向世人开放。

今天，看到博物馆里丰富的馆藏和精彩的展览，看到船政文化在这里得到了很好的继承与弘扬，一种发自内心的成就感油然而生。我知道，这里也凝聚着自己的一份心血。能在政协委员的岗位上，为推动一项事业尽自己的力量，并看到自己努力的成果，我感到由衷的欣慰。

（原载于《政协委员一日》，中国文史出版社2010年版）

延安革命老区经济建设的几点经验

2005年9月19日至25日，全国政协组织部分常委、委员视察延安革命老区经济建设与扶贫开发工作，我们先后听取陕西省、延安市以及安塞县、洛川县革命老区经济发展和扶贫开发工作情况的汇报，考察科技示范园和苹果产业基地等企业，深入到搬迁扶贫村、贫困农民家与基层干部、群众交谈，参观延安枣园、杨家岭、王家坪宝塔山、南泥湾等革命纪念馆和革命旧址。除了接受革命传统教育以外，我们对延安革命老区经济建设和扶贫开发工作取得的成绩感到由衷高兴：极端贫困人口明显减少，低收入贫困人口温饱水平得到巩固提高，产业化扶贫增收路子拓宽，基础设施建设明显加强，贫困乡村群众生产生活条件不断改善，社会事业全面进步。他们还闯出了许多新路子，如：产业化扶贫、移民扶贫、社会扶贫、东西部协作扶贫、外资扶贫、劳动力转移扶贫等。回良玉副总理高度评价陕西省与延安市的扶贫工作：“陕西扶贫开发工作，领导重视，思路清晰，措施得力，成效显著，走在了全国前列，与时俱进的做法和经验在全国具有很强的借鉴意义和推广价值。”去年，国务院把全国扶贫开发会议放在陕西召开。

主要经验如下：

1. 产业化扶贫：延安果业集团公司是陕西首批32个农业产业化重点龙头企业，下设果品公司、物资公司、制袋公司、基地公司和酒店等，公司按照“公司+基地+农产”模式在洛川10个乡镇33个村组建立绿色果品出口基地，组建果农协会33个，通过协会与1061户果农建立协作关系，提供物资服务、技术服务和营销服务。公司还引进德国比泽尔设备制冷，采用意大利美控电脑控制系统，降温速度快，换热温差小，控制精度高，有效保证水果贮存品质，产品出口泰国、墨西哥、加拿大等国。

2. 移民扶贫：延安把移民搬迁工作作为解决地处偏远、自然条件恶劣的村组温饱问题的重要途径。有组织、有计划地集中开发。共投入1.4亿元，搬迁安置贫困人口7365户，3.1万人，建设移民新村183个，搬迁村、组248个。为了解决搬迁资金不足问题，实行“1+2”建房补助标准，每户补助1万元，每人再补助2000元。按农村建设城市化思路，努力做好移民新村建设规划，做到搬得出、留得住、能致富。坚持“政府引导、农户自愿、统一规划、分户实施”原则组织搬迁，使移民工程成为“民心工程”和“德政工程”。洛川县交口河镇岭前村搬迁新居为“新型民居工程示范村”，统一规划水电、广场、路及绿化，家家户户设有花园、厕所、沼气池、机具车棚、牲畜圈地及太阳能灶具等。

3. 科技扶贫：安塞县棚栽业集团公司是远近闻名的生态农业示范园，占地290亩，新建大棚100座，由主体温室、连栋温室、培训楼和生态广场组成。重点引进国内外果蔬新品种、新技术，试种成功后，向当地农民推广。采用工厂化育苗，既保证种苗质量，又降低育苗成本。按照生产环节，定期对农民进行技术培训，让农民系统地学到理论知识和操作技术。示范园积极探索“公司+基地+农户”生产模式，打造果蔬品牌，开拓市场。建立统一的“农产品质量检测中心”，定期组织检测人员对各乡镇生产的水果、蔬菜抽样检测，指导农民进行标准化生产，提高果蔬品质，提高市场竞争力。技术人员帮助农民积极推广新技术，仅杨家沟村已发展大棚212座，户均2.7座，村里共培养农民技术员9名，专门从事大棚农业技术指导工作。

4. 劳动力转移扶贫：坚持“政府主导、市场动作、培训就业、跟踪服务”思路，以贫困户子女为培养对象，以职业技术培训院校为平台，以劳务输出为主要目的。陕西省通过专项财政扶贫资金补贴，对3万名贫困户子女进行专业技能培训，全部上岗就业。还对150万人次贫困人口实施农业实用技术培训。仅延安宝塔区就为实施劳动力转移培训建立了7个培训基地，开设电工、电子装配、计算机、美容美发、保安、家政服务等10个专业，培训1200多人，全部安置就业。

5. 外资扶贫：充分利用“世行”“亚行”贷款，开发扶贫项目，累计完成项目投资12亿人民币，实际利用外资近6亿人民币，17.2万贫困户、70.5万贫困人口得到项目资金直接扶持，户均投资4000元，年人均增收400元左右，取得了显著的社会效益和经济效益，弥补了扶贫资金之不足，同时引进了国外先进管理经验。

6. 全社会扶贫：按照“领导带头、部门包抓、定点帮扶、社会参与”思路，动员全社会扶贫。2001—2004年，中央19个赴陕定点扶贫单位，进驻33个国家重点县开展扶贫工作。40个省级领导每人挂一个重点县，包扶一个贫困村，和省级746个“两联一包”（即联县联乡包村）扶贫单位向贫困地区投入，引进、捐赠物资10.9亿元。争取国家和省级财政扶贫资金43亿元。

7. 广大群众积极参与。从规划制定到具体项目的实施，从资金使用到监管，都让群众充分发表意见，积极参与到项目建设的各个环节中去，使广大村民拥有选择权、知情权、参与权、监督权和管理权。通过参与式扶贫，使广大村民的主观性得到发挥，主体意识得到尊重，最大限度地调动群众的积极性和主动性。

延安革命老区经济建设与扶贫开发虽然取得丰硕成果，但由于基础差，底子薄，仍有11.5万人口未解决温饱问题。为了加快脱贫致富步伐，广大群众强烈请求国务院扶贫办把延安列为国家级扶贫开发示范区，除了各级政府继续支持之外，争取联合国等国际机构扶贫基金支持，使之成为发展中国家一颗扶贫开发的明星，为全世界作出榜样。

访台见闻

去年10月22日，受台湾中华安亲会和华冈文教基金会邀请，我以福建省闽台经济文化促进会的名义赴台考察，途经台北、基隆、金门、高雄、台中、花莲、宜兰等地，沿途见闻颇多。在台期间，接待高规格，处理低调（不上电视，不上报纸），双方多沟通、多交流，在老朋友基础上又结交政界、企业界、文化界、教育界新朋友，我们宣传党的十五大精神，宣传中央对台政策，宣传大陆经济发展的大好形势，同时欢迎台湾各界人士到大陆考察，进行经贸、文化交流及投资，等等。

我们分别考察台湾新竹科学工业园区（宏碁电脑、全懋精密科技、升阳国际半导体、力晶半导体公司），参观“中钢”、长荣、味丹等大企业集团，考察高雄港及台中维多利亚航运公司。参观慈济功德会所创办的医院、医学院及私立明道中学。参观台北故宫、省立美术馆等文化设施。

海峡两岸三通问题

在台期间接触到的朋友，谈得最多的是海峡两岸三通问题，据海基会副董事长、秘书长焦仁和说：“台北松山机场与福州长乐机场直航，一个航程大约40分钟。”在金门接待我们的金门县议会副议长欧阳彦木说：“金门已作好与厦门直航准备，小客轮已购置，金门至厦门航程20分钟，船票300元台币。”

我们参观长荣航空台北飞机维修中心，长荣现有35架大型客机，已与厦航合作，开辟厦门—澳门—台北航线，双方在澳门交接旅客。长荣董事长张荣发积极主张两岸三通，准备邀请福州市委赵学敏书记赴台探访与长乐机场合作通航问题。除了通航之外，长荣对在长乐、厦门机场开展综合性业务颇感兴趣（如开发酒店、休闲中心、娱乐度假、广告业等）。

海峡两岸经贸合作交流问题

在台考察期间，我们还参加了台湾企业家座谈会，考察台湾新竹高科技工业园以及台湾大型企业集团，共同探讨进一步加强海峡两岸经贸合作交流的问题。

台湾新竹高科技工业园占地8700多亩，有170多家工厂（电脑、半导体集成电路、通信、光电、精密机械、生物技术等企业），还有10多家研究所、开发中心及100多家第三产业为其配套服务，从业人员5.5万多人，年产值1200多亿人民币，相当于美国的硅谷。

其成功原因在于：

1. 减免税优惠政策：五年免征所得税，以后四年优惠征税。

2. 吸引人才：集中海内外科技精英，制定政府吸引海外留学生（博士、硕士生）回台服务，带技术，带成果入股，台湾当局再投入一部分资金。回台人员大约有3000多人，另外还有一批台大毕业高才生。

3. 实行股份制，每个职工都拥有股份，积极性被调动。

4. 注重研究开发。在引进国外新技术的同时，加以研究改进，有一定技术先进性。

目前面临的困境是土地紧缺、人才不足、劳动力昂贵，台湾已在台南开辟第二科学园区（台北至台南飞机，有40分钟航程）。台北到福州长乐也是40分钟航程，长乐具有海空优势，发展高科技产业有优势。建议长乐及早做好科技园区规划。台湾科学工业园科学工业区同业公会总干事曹典章先生是长乐人，这次会见后，他将组团来福建考察。台湾李逸士博士（液晶技术）宏碁电脑、全懋精密科技术具有来榕投资意向。

台湾一些大型企业集团给我们留下了深刻印象。中钢（中国钢铁公司）是台湾上市的大型民营企业，成立于1971年，年产钢850万吨，产品5大类，400多种品种，15%产品外销，出口日本。现有职工9066人，平均年龄41.7岁，每月平均工资2300美元，职工持有股票。铁矿砂、煤等原料依赖进口，有4艘十多万吨船用于进口原料。他们重视研究开发，有45个博士、200多位硕士，除了产钢外，还生产化工原料及铝制品。目前还没有往大陆投资的意向。

味丹集团生产味精、饮料、快速面和绿藻（保健食品），擅长企业管理，重视研究开发，副会长相清钦有慈悲心肠，被人誉为“活菩萨”，在大陆已捐赠一亿多人民币用于公益事业。

民营企业长荣航空拥有35架大型客机，航线遍及欧、美、亚、澳四大洲30多个城市，董事长张荣发竭力主张“三通”，特别对长乐机场、厦门机场感兴趣，意欲进行全方位合作。

高雄港年吞吐量8000多万吨，占全台湾进出口量2/3，货柜装卸量506.3万多TEU（标准箱），名列世界货柜港第三位。台湾成为亚太营运中心，高雄港则为海运转运中心（以不通关、不入境方式，从事大陆地区输往第三地或第三地输往大陆地区货物转运）。

关于闽台全方位合作的建议

1. 海峡两岸应多交流、多沟通，促进相互了解。无论是国民党还是民进党在选举中取胜，都非常注意民意的作用，因为它直接决定选票多少，也决定各党派的“立委”选举，县、市长选举中的席位问题。失去老百姓的拥护，就会失去执政党的地位。所以“以民促官”是完全可能的。建议我们加大宣传“三通”，宣传“一国两制”，宣传“港澳回归模式”力度。台湾老百姓最怕“由于海峡两岸经济发展水平差异，统一后生活水平会下降”，为了解除这个顾虑，应比较客观地宣传——海峡两岸各有优势，两岸统一后，优势互补，相得益彰；统一之后是整个中华民族的腾飞与振兴，不是谁吃掉谁的问题，更不是生活水平下降的问题。

2. 台湾朝野上下，对海峡两岸“三通”呼声较高，建议我们及早研究对策。如大陆哪些航空港与海港对外开放，开放港口各项设施应尽快配套齐全。吸引台湾大批观光客过来，必将促进我省旅游业发展。我方去台人员开放度怎样，该哪一级审批，等等，都应尽早研究。

3. 考察中发现，大陆广阔的市场，土地、劳力、原料便宜，对台商有极大的诱惑力，无论是传统产业还是高科技产业，他们都想转移到大陆来，尤其是福建，占有天时、地利、人和等有利条件，与台湾语言相通、习俗相同，应充分利用亲情、乡情、友情广泛开展海外联谊工作．招商引资，包括赴台招商引资。

4. 加快福建腹地建设，特别是西部地区建设与开发，加快铁路、高速公路建设，使之直接与京九线贯通，加快温州福州铁路与高速公路建设。建议中央对福建基础设施建设给予倾斜政策。

5. 福建已有135个开发区，但是没有真正像台湾新竹科学工业园区那样建设的，建议利用新竹科学工业园区已饱和、想寻求向外发展这个契机，向中央报批在福建长乐搞个大型高新科技园区，带动福建半导体、电子、通信、光电技术、生物工程发展。同时进行全省产业结构调整，从而带动相关产业发展。

6. 福建气候、地理、土壤条件与台湾相近，利用这个特点引进台湾优良品种（花卉、水果、蔬菜等），促使创汇农业、观光农业、休闲农业发展。

7. 台湾企业界人士十分关注大陆《台湾同胞投资保护法》的执行情况，应做到有法可依、有法必依，遇到两岸经济纠纷时，也可邀请台湾律师共同仲裁，显示公平原则。

（原载于《政协通讯》2004年）

澳洲考察笔记

澳大利亚幅员辽阔，面积为770.4万平方公里，人口仅有1800万，地广人稀，人口大都集中在东西部沿海区域。自第二次世界大战后，澳大利亚逐渐崛起，跻身发达国家之列，经济结构逐步由农牧业向工矿业居主导地位转化。

澳以农牧业为主，全国拥有1.9亿头羊，羊毛、羊油、羊肉、羊乳为传统的出口商品。还拥有3000万头牛，牛皮、牛肉、牛乳也是传统出口商品。

海产资源相当丰富，天然大龙虾、鲍鱼等海产品，个头大，价格便宜，味道鲜美，通过空运销往世界各地。此外，还有各种鱼类、海带、海蜇、贝类等海产品。澳大利亚拥有20,125公里海岸线，海岸线长，浅海区辽阔，海产品十分丰富。

澳大利亚工矿业大都集中在西部地区，那里蕴藏着丰富的矿产和能源资源，如铁矿石、铝矾土、煤、铀、黄金、铜、锌、金刚石、石油及天然气等。天然气储量14000亿立方米，液化气每年大量出口。铁矿石储量丰富，品位高，品种全，也是重要的出口商品。澳大利亚是世界五大矿产国和出口国之一。

澳大利亚对外贸易特点

澳大利亚在发展初级产品出口的同时，鼓励加工产品及制成品出口。出口商品中初级产品占60%，如谷物、肉类、食油、糖等食品，煤、天然气等燃料，以及原油、成品油、铁矿石、铝矾土及金矿砂等。

进口商品主要以制成品为主。如机械交通设备、汽车主要来自日本，飞机主要从美国进口，轻纺及服装主要从中国进口。

澳政府除鼓励大企业出口之外，还采取措施扶持中小企业出口，目前中小企业出口产品已占总出口产品的1/4。

澳大利亚过去将经贸重点放在欧洲与北美，由于欧洲统一市场及北美自由贸易区建立，澳大利亚失去大宗农牧产品、矿产品出口市场，而且经贸活动受到限制，不得不把战略重心转向亚洲，除了维持欧美市场外，大力开拓亚洲市场。据统计，澳大利亚出口商品60%销往亚洲市场。澳大利亚十大贸易伙伴，依贸易额大小次序排列为：日本、美国、新西兰、英国、韩国、中国大陆、台湾省、新加坡、德国与香港地区，其中有六个伙伴在亚洲。澳大利亚十大出口市场中，七个在亚洲；澳大利亚的十大进口市场，有八个在亚洲。

澳大利亚向我国出口的主要商品有：羊毛、铁矿石、先进设备与技术。我国向澳大利亚出口主要商品：服装、轻纺、轻工、食品等。近年来，机电产品比重有所增加，我国生产的彩电、音响设备已成功进入澳大利亚市场，受到当地欢迎。总体说来，我国对澳大利亚出口商品多属中低档次，价廉物美，比较适合中低档消费群体，中、澳两国贸易有很大互补性。

中澳经贸关系

中澳建交以来，两国关系稳定发展，经贸合作日益加强。近五年来，双边贸易以年平均22%的速度递增。据海关统计，中澳双边贸易从1992年起已连续三年创历史纪录，1995年达48亿美元，中国已成为澳大利亚六大贸易伙伴之一。专家预测到2000年，中澳两国贸易额将达112亿美元。

随着双边贸易关系的巩固和发展，已开始多领域、多层次、多形式合作，逐渐从单一贸易形式转向贸易与投资、贸易与兴办实业结合。目前澳大利亚在华投资项目已有2000多项，协议资金20多亿美元，实际投入资金6.8亿美元，分布在化工、电子、机械、轻工、冶金、建材、纺织、农业、食品加工等领域。

在经济技术合作方面，澳大利亚政府认为本国在道路、桥梁建设、动力系统、港口建设、海港交通监控、造船技术、航空导航、电信、造纸及环保、农业技术等方面处于国际领先地位，具有竞争力，因此积极参与世界银行贷款项目和其他招标项目，积极支持澳公司参与竞争，并为在华投资项目提供政府贷款。澳大利亚政府计划今后几年，在建筑工程、农业系统、港口机场管理、航空控制系统、环保工程、包装工艺、食品加工、交通汽车配件、房地产开发、零售业、银行业等方面与我国合作。

目前，我国在澳大利亚贸易机构与生产性企业已有150多家，其中经营较好的有中国信托投资公司与澳方公司合作经营的波特兰炼铝厂。中国冶金进出口总公司与哈默斯利公司合资经营的恰那铁矿场经济效益也不错。中国对外贸易运输总公司经营的威尼达林业公司在澳大利亚林区购得采伐、管理、养护及产品销售权，产品销往我国及日本、韩国。

关于开拓澳大利亚市场的建议

根据澳大利亚政府加强对亚太地区经贸合作发展的战略，结合我国具体情况，我们应抓住难得的机遇，与澳大利亚全面合作。

1. 中国（福建）对外贸易中心集团在悉尼设有代表处，并合资成立“建澳公司”，通过这几年发展已粗具规模，可充分发挥其桥梁作用，组织我国工商界人士与澳开展全面经贸合作。

2. 合作形式和领域是多方面的，贸易与投资相结合，贸易与兴办生产性实体相结合，贸易与开发性生产相结合。如澳大利亚地广人稀，农牧产品较丰富，可鼓励有关单位或个人到澳大利亚兴办农场，种、养结合，种植水果、蔬菜，养殖奶牛、绵羊，仿照日本那样，把“菜篮子工程”拓展到海外。

3. 澳大利亚海产品资源丰富，可与当地人合作，从事海洋捕捞、水产养殖及海产品加工。

4. 澳大利亚矿产资源丰富，可考虑在矿区就近办炼铁厂，从事资源性开发，炼成生铁后，再运回我国。其优点：一可减少铁矿砂长途运输的成本，二可防止炼铁造成的环境废渣污染。

5. 澳大利亚林业资源十分丰富，可在那里收购林场、封山育林，形成采伐、加工、销售一条龙。国际市场行情上涨时，产品可进入国际市场，价格下降时，可供我国使用。

6. 日本人在澳大利亚投资兴趣日益增长，在旅游区大量购置土地，进行宾馆、住宅区、娱乐场所综合性开发。由于澳大利亚社会治安稳定，生活环境良好，澳移民人数不断增加，房地产行情看好，可在我国集资，到澳大利亚搞土地成片开发。

7. 打破区域与所有制界限，实行国有企业、集体、民营企业与三资企业横向联合，进军澳大利亚，拓展海外市场，做到优势互补，相得益彰。

媒体报道

在政协的舞台上长袖善舞

蒋志臻

全国政协委员、民革福建省副主委、福建省科技厅副厅长林嘉騋委员在接受记者采访时表示，《中共中央关于加强人民政协工作的意见》颁布实施后，他的心情很不平静。他说："从我参与人民政协的实践充分说明，中国共产党领导的多党合作和政治协商这一基本政治制度，完全符合中国国情，在我国政治体制中具有不可替代的作用。人民政协已植根于中国的土壤，融汇于振兴中华的伟业中，显示着蓬勃的生命力，将迎来一个更好的发展期。"

的确，回顾林委员这几年参政议政的经历，这番话无疑是最好的注脚。

去年7月11日，"中国航海日"作为国家的重要节日被固定下来。谈及此，林嘉騋仍有些激动："关于'航海日'，我酝酿了半年多时间，去年3月我在全国政协十届三次会议上提交了相关提案，4月份就获国务院批准。它成为我人生中最精彩的一页。"

因为有着魂牵梦萦的海洋情结，林嘉騋对海洋事业的关注常常超过别人。由于工作的原因，林嘉騋曾到过50多个国家和地区，到过许多海岛。看到西方国家在"蓝色文明"方面的飞快发展，他提出了"中国不仅是一个陆上大国，同时也是一个海洋国家""要加快对我国海洋文明的开发和利用"的观点。他注意到，许多国家都有自己的航海节或海洋日，一个国家的兴盛与航海事业密不可分。中国有300多万平方公里的海域面积，在中国的国际贸易中，90%的货物通过海运完成。中国是世界航海大国，所以更要设立中国航海节，其目的是为了增强广大民众的海洋意识和海洋国土观念，推动海洋文化、科技和经济的发展，推动海峡两岸交流，增强中华民族的凝聚力，促进世界和平与共同发展。正是在这种海洋情结的影响下，他还提交了《关于开发沿海海岛建议案》和《关于发展海岛经济的建议》等有关海洋的提案与建议。

不仅关注蓝色海洋，林嘉骍同时还关注着红色旅游。1998年，他向全国政协提交的《闽赣两省联手合作，共同开发革命老区的提案》中建议启动“红色旅游工程”。后来国家旅游局采纳了他的建议，去年初，“红色旅游工程”正式启动，林嘉骍感到无限的欣慰。他认为，将红色的精神和绿色的山川结合起来，可以使广大的人民群众在青山绿水间感受到无数革命先辈所积淀下来的宝贵精神财富；在陶冶情操的过程中提升人的素质，树立爱祖国、爱人民的伟大情怀。

在长期的视察调研中，林嘉骍将收集得来的信息和资料与参政议政工作紧密结合起来，形成了近300条提案和建议提交给政协，成为全国有名的“提案大户”。他总喜欢背个黑色的大包，里面放着笔、记事本、照相机、书、资料等。所到之处，他总会记录下当地风土人情、社会形态、城市建设、经济状况等文字和图片资料，并形成文章。

林嘉骍说，随着政协委员参政议政积极性的日益提高、舞台日益广阔，他提交的提案涉及的范围也越来越广泛。其中，《建议保护我国历史文化名城的提案》引起国家领导人的重视，被全国政协评为优秀提案；关于修改《台胞投资保护法》的建议、关于《修建福州、温州铁路以及龙岩、赣州铁路》的建议等均被有关部门采纳。《完善社会保障体系、鼓励下岗职工到农村就业》的提案，被劳动和社会保障部采纳，于2002年在全国实施。

（原载于《人民政协报》2006年3月5日）

当官为民　兼听则明

——访全国政协委员、福建省科技厅副厅长林嘉骕

林小端

“从某种意义上说，厅长就是‘听长’，应当特别能耳听八方、兼收并蓄，这样才能博采众家之长，寻找到解决各种问题的方法。”这是现任福建省科技厅副厅长林嘉骕在接受记者采访时说的一句既风趣又有哲理的话。

今年57岁的林嘉骕，性格温和，言谈睿智，宽边眼镜的背后目光炯炯有神，颇具学者的风度。从任省政协委员到任全国政协委员的十多年来，他已向上级有关部门呈送了235件颇有价值的提案，是迄今为止福建省上交提案最多的政协委员。其中《建议保护我国历史文化名城的提案》被评为全国政协优秀提案，《关于福建省发展食用菌产业方面的建议》《关于实施企业技术创新战略的建议》《关于在建筑工程中加强地震防范的建议》三件提案被评为省里的优秀提案。由于许多提案前瞻性很强，富有指导意义，深受上级有关部门的重视，不少好的建议被中央及省有关部门采纳，为福建乃至全国的经济发展作出了积极的贡献。这些见解精辟的提案究竟是如何“出笼”的呢？正像他自己亲身体会的那样，每个提案都离不开“听”——深入社会第一线的调研。纵观这200多件论点独到深刻、例证新颖翔实的提案，不难看出，在每个提案的后面，都凝聚着他的智慧与心血，跳动着他那一颗忧国忧民的赤诚之心！

1997年，他率团出访台湾。台湾海基会副会长兼秘书长焦仁和同他见面时谈到，厦门的不少台资企业写信给海基会反映：他们在国内经商时，遇到一些经济纠纷，仅有大陆的律师介入仲裁是不公平的，希望能有台湾律师介入。他

觉得这是一个代表台胞权益的重要问题，答应回去后一定向中央的高层领导汇报，并充满信心地对焦先生说：“我个人认为这一问题一定会得到解决的。”一到北京，他顾不上休息，找到了江总书记的特别助理滕文生，就此事向他汇报了一个半小时。不久，全国人大通过了新修改的《台胞投资法》，增加了以下的一条：在处理两岸经济纠纷时，应有台湾律师介入。台湾朋友得知这一好消息后，都非常高兴，奔走相告。

在与滕文生同志的谈话中，他还了解到江总书记近来由于牵挂下岗职工的问题，夜里常睡不着觉。因亚洲金融危机的影响，我国在进行产业结构调整时，很多国有企业实行了破产及资产重组等优化组合措施，各地出现了许多下岗工人。如何解决下岗工人再就业，已成为一个日益严峻的问题。回到福建后，他又围绕这一问题，对福州、厦门、漳州、泉州企业进行考察，召集好几场座谈会，先后同一百多人谈话。调研中发现，下岗职工的确存在着不少问题。有些人文化素质低，连名字都写不清楚；有些人年纪偏大，又无一定专长。所以，要解决再就业问题，首先必须抓好上岗前的培训。经过历时半年多的全省性调研，在查阅了大量国外就业资料的基础上，他写下了一篇长达两万多字的提案，全面分析了福建省劳动就业的形势，提出了如何借鉴国外劳动就业的经验来解决下岗职工问题的几条建设性意见。他的这些建议很快通过全国政协送到了中央高层领导手中，成为他们决策参考的宝贵资料，并发表在《福建论坛》等几家权威性的刊物上。

他与焦仁和先生会谈时，还听到另一个问题：两岸货运虽已开通，但因货源不足，航运公司老是亏本。许多江西、湖南的货，都要辗转通过广州、深圳，再通过香港运到台湾，而不能直接通过厦门直达台湾。言者无心，听者有意，焦先生的这番话引起了他的深思。经过反复论证，他向全国政协提出开辟一条出省大通道的方案，即开通厦门—龙岩—赣州—瑞金—株洲—湘潭的铁路及高速公路，保证湖南、江西的货可直接运到厦门，再运往台湾，为“三通”作准备。与此同时，他还提出：既然长汀是革命老区、瑞金是苏维埃根据地、井冈山是革命圣地、韶山是毛主席家乡，为何不开辟一条“红色旅游线”？一来可以把革命传统文化与旅游结合起来，让青少年接受爱国主义教育，二来也可让海外华人、台港澳同胞了解中国的革命历史。他的这一创新思路很快受到旅游界人士的青睐。后来，江西、福建两省及周边30多个县市的旅游局局长聚集在厦门开会，专门制定了一条“红色旅游线”。

在加快闽南经济发展的同时，如何改变闽东的落后面貌？凭着自己在闽东工作多年所见所闻及调研经历，经过一番深思熟虑，他提出应尽快建设从福州—宁德—霞浦—福鼎—温州铁路的提案。他深深感到，制约闽东经济发展的一个重要因素是落后的交通。前不久，国家铁道部研究通过了这一提案，准备投资66亿元建双轨铁路，并已开始动工。这条铁路一旦竣工，福州到福安的时间将由原先的七个多小时缩短到一个半小时，将大大改变闽东交通的落后面貌。当看到自己关于修建出省大通道与闽东铁路的两个提案都被国家计委、国家铁道部予以采纳时，他心中充满了自豪。

他有着高度的责任心。除了主动出击，有针对性地到各地调研外，一些提案的原始素材，甚至是在出差的路上被善于观察的他捕捉到的。《建议保护我国历史文化名城的提案》，就是一例。他经常在漳泉一带出差，细心的他发现，沿途的不少城市在进行旧城改造的过程中，很多古迹都受到了不同程度的破坏，有些原来颇以古文化著称的地方甚至已无古迹可言，触目惊心的破坏令他深感不安。联想到一些国家对保护古迹的重视，他意识到这是件关系到继承与抢救中华民族历史文化遗产的大事。因为他在国外时亲眼看到，一些发达国家特地将古城修旧如故，另辟新区搞城市建设，如巴黎、罗马、伦敦等城市就将城市分为旧区与新区。这样，一方面可通过旧区中富有民族特色的古迹吸引游客，促进当地旅游业的发展；另一方面又可大力拓展新区建设，展示全新的现代文明。就连建国只有200多年历史的美国，为了将夏威夷历史原貌保存下来，至今未把太平洋战争中日本偷袭珍珠港时被击沉的军舰打捞上来，为的就是给后人留下一个可供回味历史的古迹。这些都与国内许多地方在旧城改造中缺乏规划、大搞所谓的城市现代化，将古迹破坏怠尽的做法形成了鲜明的对照。旧城改造究竟要如何规划才能达到最理想的目标呢？他陷入了深深的沉思。他首先想到了首都北京：“改革开放以来城市面貌的确变化很大，但外国人到中国的北京来，更期盼看到的是北京的四合院、小胡同等，而不是他们早已看腻了的清一色的高楼大厦。再说我们自己也应当为子孙后代留下一些历史文化遗产。为什么我们不能借鉴国外，在旧城改造中也把城市分作旧区与新区呢？”他将自己的所思所想写成了一份提案，呼吁保护中国的历史文化名城。提案在政协委员中引起了很大反响，受到中央领导的高度重视。全国政协副主席张思卿亲自率团，带领着20多个文物专家、学者前往山西平遥、云南丽江、福建福泉等一带名胜古迹考察，证实了他反映的问题是个全国性的问题。李瑞环主席得知此事后，在调研报告上亲自批示，“要尽快出台历史文化名城的保护法”，责成建设部加强监管。广电部的答复是：“要在电视节目中开辟专栏，介绍我国的历史文化名城。”国务院随即出台了《保护99个历史文化名城》等政策性文件。两会期间，中央电视台还就此专题采访了他，《人民政协报》也专门发表文章，支持政协委员们共同心声的呼吁。

1996年至1998年，他调任省政府副秘书长期间，分管民政，他多次受贺国强省长委托去灾区慰问受灾群众，为灾民送去救灾物资与救灾款。当他目睹灾区的受灾惨状时，心里总是难过得久久不能平静。每次，当他将救灾款送到灾区那些家里受灾严重的老大娘、老大爷手中，他们脸上流露出的那种无奈与感激相互交织的表情总会让他潸然泪下，此时此刻，他多想为灾民们再做点什么，为他们分忧解难……1997年长汀、三明发大水，他去清流、宁化与三明一带慰问灾民同时调研，结果发现，这次的水灾并不是天灾引起的山洪暴发，完全是人为造成的祸害。地处清流的安砂水电站在上游，三明在下游，由于水电站舍不得放水，因放水等于放钱，所以一旦水位抬高，就容易使清流进水，而当上级一再催促赶快放水时，一放放得太大，结果又使三明被淹。他回去后，立刻向省里汇报了这一情况，并呈交了有关提案。贺国强省长当即批示，要对当地的体制问题进行整改。在闽西调研时，他又了解到水灾使长汀医院医疗器材被淹，损失高达80万元，就连夜赶写了提案，希望政府财政为该院提供一些补助款。巧得很，当时日本红十字会正好捐了一笔钱给福建省卫生厅，而卫生厅也正在寻找急需用钱的医院，因此当有关领导从他的提案得知这一情况后，立即就作为专件批下去，将这笔款拨给了长汀医院。

他还向省领导送交一份提案，提出要加快解决土地、环保、计生这三大国策问题。贺省长看到这一提案后，当即予以批示，要求各级领导高度重视。在提案中，他向上级反映：目前有些开发区的外商来征地，再加上农民扩大住宅用地，都使大量耕地被占用。虽然我国许多地方在搞人工造地，以补偿耕地的损失，但新开垦的地都还需进行施肥改造，所以必须加强土地规划，才能减少耕地的损失。有些海外客商为了盈利，把制作原料中带毒的鞋厂引入国内，使制鞋女工中生病的人数增多。而一些小型造纸厂则将废水直接排入江河，造成江河严重污染，必须坚决予以取缔。他在农村调研后得出一个结论：因重男轻女引起的男女性别反差严重，这将使许多小伙子将来找不到老婆。为此，他提出了《关于尽快出台〈中华人民共和国人口计划生育法〉提案》，《中国人口报》的一位记者得知他的这一观点后特地赶去采访他，两人谈了很久，那位记者对他掌握第一手资料如此翔实惊异不已。当他被问到"你怎么知道得比我们搞计生的还细"时，他爽朗地笑答："我这是调研出来的嘛。"他告诉记者，由于现代医疗技术发达，特别是孕期B超就可查出性别，不少农妇秘密流产，结果导致男婴比女婴多。再有就是近亲结婚现象严重，农村中传统观念认为：亲戚联姻是亲上加亲。于是，周边25公里之内村与村、乡与乡之间有血缘关系的通婚很多。家族之间通婚是生物学上最忌讳的，要鼓励跨国、跨省、跨地区婚姻，这样才能提高人口素质，使下一代更聪明。后来，医院严禁在妇女孕期用B超查性别就是根据他的提案规定的。他还以超前的眼光，提出了关于解决老年人托养问题的提案。他认为，目前的独生子政策如果一直执行下去，一个年轻人要照顾4—6位老人，不但会影响年轻人的工作，而且势必会带来日益严重的养老问题，应该鼓励民间资金投入养老院、敬老院。他的这一建议目前已引起了上级有关部门的重视。

刚从省政府调到科技厅时，他听到了这样一个重要信息：省里有一个亚太食用菌培训中心，每年都承担着联合国的人才培训任务，即利用我国的援外资金，专门培养发展中国家的学员，这些学员多是政府官员、企业家、博士学者等高层次的人员。食用菌产业是福建的特色产业，十多年来一直走在全国的前列，蕴含着巨大的发展潜力。他由此意识到联合国慧眼独具，它为发展中国家所做的工作很有意义。当时，联合国南南合作工作会议在宁夏银川召开，他亲自带领几位同志参加。得知联合国要在中国建立一个示范基地时，他便向与会者介绍福建省对台的优势、海外华侨多的优势及位于改革开放最前沿的优势，要求将这一机构设在福建。虽然好几个省都在积极争取，但他力排众议，以独到的见地得到了与会代表的一致赞同，为福建赢得了这一重大项目。南南合作示范基地虽然建立起来了，但作为这一机构的职能，许多政府部门都不甚了解。他就利用各种场合进行宣传，不论在省政协还是在全国政协开会，他都尽心尽力地介绍这个项目的重要意义。趁一次八个民主党派合作搞调研课题的机会，他特地带上两套包装精美的介绍资料，包括《关于加强联合国南南合作网示范基地建设》的提案，详细阐述了南南合作机构的职能、作用与落户在福建省将对其经济发展所起的作用，一份交给宋德福书记，一份交给习近平省长。两位省领导阅件后都亲自做了重要批示，要求有关部门予以重视。去年机构改革，省里在有的机关撤销、有的机关缩编的情况下，通过编办，将联合国南南合作示范基地正式确认为正处级机构。虽然联合国本身没钱，但可利用各国的捐款扶助一些好的项目。九龙江流域的综合治理就是建设南南合作基地的一个重要项目。为了配合将我省建成生态省的奋斗目标，科技厅选定该项目，利用联合国20万美元的专款，再加上省里拨的320万元人民币配套资金，开始进入实施阶段。利用我国、日本、法国、美国的遥感卫星在不同时段监测拍摄的照片，经过计算机的分析处理显示出九龙江流域的植被、污染、水土保持、生态平衡等情况后，再请国内的环保专家论证，并就综合治理提出一整套具体的解决措施。一旦这一项目实施成功，必将为建设生态省作出突出的贡献。举办食用菌培训班，是南南合作的一个重要项目，对于帮助发展中国家发展经济卓有成效。为此，他又提出了《关于组建食用菌工程技术研究中心的建议》，以加强这个项目的建设。目前，食用菌技术已在一些发展中国家发芽生根，如巴布亚新几内亚就推广得十分成功，很多农民学习了这项技术后，采用当地荒坡上的野草生产香菇、蘑菇喜获丰收，为其脱贫致富创造了条件。

联合国曾两次在中国召开会议，到会的大多是国内外著名的经济学家。他在会议上介绍了南南合作的实施方案与具体做法，取得与会代表的一致认可与支持。他认为，原来世界的格局是美、苏两个超级大国两极对峙，而当前的国际形势则朝着多极化的方向发展，美、苏两国要想独霸世界已不可能，中国发展很快，正逐渐成为发展中国家的龙头。他坦诚地提出了自己的建议：可以利用南南合作这一组织，实施“走出去”的发展战略，把我国的一些实用技术推广到发达国家中去；也可组织中小企业到国外去办公司、办厂，这样既可避开关税壁垒，又可避开技术壁垒，从而占领国外市场。当然，我国南南合作中存在着资金分散的问题，国家科技部、外经贸部、农业部都有自己的资金，分散使用，无法突出重点。体制上也存在着弊病，科技部有国际交流司、外经贸部有援外司、农业部有国际合作司——各部都有一个对外交流的部门，机构重复设置。他建议国务院组建一个直属于国务院的机构——国际合作开发局，来统一协调北京几个部的国际司，并把分散在各个司的有限资金统筹安排起来，做几个大项目。目前他已将此写成提案，准备提交政府，并准备写一封信给李瑞环主席，请他将信转给江总书记。他感到，打响这个品牌对于我们国家非常重要，是一件十分有意义的事。

务实的他不喜欢空话、套话，最烦的就是开会念材料那种形式主义的工作作风。每次下基层调研前，他都要事先通知有关部门准备书面资料，让他对总体的情况有个大致的了解。待他正式与干部座谈时，要求他们抓紧时间汇报存在的问题，能马上解决的及时予以协调解决，一时不能解决的由他写成提案向上反映，不允许下属久拖不办，更不允许存在管、卡、压的现象。这种雷厉风行的工作风格，赢得了广大基层干部对他的敬重。曾经出现过这样的情况：有些干部在敬重他的同时，又很怕见到他，因为当面沟通时，他常会向他们询问一些问题，有些人一问三不知，便觉得很不好意思。对于这样的干部，他总是通过诱导式的谈话，委婉地指出对方的问题，而不是劈头盖脑地批评，让对方感到心悦诚服，从而打消他们的顾虑，帮助他们改进了工作方法。因此，他的人缘很好，所到之处，人人都把他当作自己的朋友与师长。

他天生有股韧劲，只要是他认准的理，一定要一争到底。也许与他曾是一名科技工作者有关吧。他从小就很爱看科学家的传记，在他的心目中，居里夫人、爱因斯坦等在探索科学规律的征程中坚韧不拔、勇往直前、为科学献身的科学家们永远是他效仿的榜样。因而，尽管在呈交提案的过程中会遇到许多人为的阻力，但他从未被任何困难吓倒，总是怀着必胜的信心，不断地争取，耐心地等待。一次不行，两次；两次不行，三次……直到问题得到解决。省里有100多位革大毕业的老同志仅因登记参加革命的时间迟了几天，无法享受离休待遇，这些老同志在新中国成立初期都为国家作出过一定的贡献，他们的境遇显然是不合理的。他特地写了一份提案向上级反映，但一直没有回音。他没有气馁，每年递交一次提案，这样坚持了七八年，终于使这个久拖不决的问题得到了解决，为老同志办了一件好事。知识产权局的升级问题也是一例。全国大部分省的知识产权保护局都是正厅或副厅单位，而我省却还是处级单位，这与入世后我省经贸发展的形势极不相称。针对这个问题，他连续几年向上呈交提案。后来，他的调查报告受到习近平省长的高度重视，于是知识产权局被升格为副厅级单位。

熟识他的人都知道，他是个工作狂，从早到晚像个风车似的转个不停，连中午都常常在看书、写文章，似乎有着过人的精力。这可能得益于他平时有规律的生活习惯。说来有趣，他不仅白天工作效率高，晚上的睡眠质量也堪称一流。11点刚过，劳累了一天的他便开始打盹了，这会儿要是看到床，他的眼睛就会眯成一条线，困得不行。一上了床，他马上就会进入甜美的梦乡。而到了第二天一早6点左右，他又会自然而然地准时醒来，接着提上篮子去买菜，来回两趟走走路，既填满了菜篮，又锻炼了身体，何乐而不为呢？他还炒得一手好菜，只要没有出差，家里的菜常常是他烧的。要知道，在家里，他可是个典型的贤父良夫哩。

不知不觉，他在自己的人生旅途上已做过好几个“官”了。他先后担任了福州大学外事办副主任、民革福建省副主委、省外贸总公司副总裁、省政府副秘书长、科技厅副厅长。不同的工作岗位，使他有机会结识各行各业的朋友，了解到大量经济建设与社会发展的信息。无论在哪个官位上，他都能摆正自己的位置，不乱摆官架子，以务实的态度真抓实干，决不做一名糊涂官。正是丰富的阅历与高度的责任感，使他的提案质高、量多、面广，几乎涉及科技、教育、文化、经济、外贸等各个领域，及时客观地反映了社情民意，实实在在地帮助老百姓解决了各种问题，因而他在各界朋友中口碑很好，深受大家的欢迎。而他也以此为乐，认为自己活得充实，“人生苦短，能为社会的进步出点力，为后人留下点有用的东西，这就是我这今生最大的愿望……”

（原载于《福建日报》2001年）

一衣带水共潮生

——第九届全国政协委员林嘉騋访台有感

李　虹

不久前，福建省闽台经济文化交流促进会代表团赴台考察，林嘉騋以省政府副秘书长、民革中央常委、高级经济师的多重身份出访，与台湾民众及经济、文化、社团、宗教、企业、党派等各阶层人士进行了广泛接触。

林嘉騋在接受本报记者专访时说，国家统一、两岸“三通”始终是各界关注的焦点，许多台湾名流对江泽民主席在中共十五大报告中提出的关于在一个中国的原则下什么都可以谈的动议，表现了极大的热情，对两岸“三通”、特别是闽台两岸率先直航更是仁者见仁，智者见智。企业界人士普遍认为，闽台直航，势在必行，从台北松山机场至福州长乐机场只有40分钟航程。台湾长荣航空公司自开辟“厦门—澳门—台北”航线以后，目前正与福州长乐机场策划合作通航问题。与此同时，闽台货柜直通的经济效益带出了海上客运的美好前景。金门到厦门的小客轮航行只需20分钟，票价300台币左右。台湾某航运公司正与有关方面协商进口澳大利亚双体客轮，用来抵挡台湾海峡的风浪，以低廉的票价使两岸普通民众有能力返往旅游。

访台期间，林嘉騋考察了农、林、水产、“中钢”、味丹等企业和新竹科技工业园区。访台归来后，他向有关方面建议，福建省完全可以在长乐相应地建设一个高科技园区，分流新竹的技术与人才，带动福建半导体、电子、通信、光电技术、精密仪器、生物工程的发展，同时进行全省产业结构调整。长乐与新竹只有40分钟的航距，年吞吐千万吨的松下良港、正在修建的福厦高速公路，使闽台两岸一水之隔，却占尽天时、地利、人和的优势。林委员认为，在闽台交流合作原有基础上，以高科技园区的合作开发为契机，实现江总书记在中共十五大报告中提出的“东部地区要充分利用有利条件，在推进改革开放中实现更高水平的发展”的构想。

林嘉骕已有五年福建省政协常委的经历。五年中他向福建省七届政协提交了73份提案，内容涉及环保、计生、交通、文化、教育、科技、党派建设等诸多方面，他的参政热情和议政质量在委员中有口皆碑。荣任第九届全国政协委员的消息传来，林嘉骕首先想到的是，一定不放弃自己对台联系面广的优势，为推动闽台两岸合作交流，为祖国统一大业恪尽绵薄之力。

（原载于《人民政协报》1998年2月27日）

古城保护刻不容缓

赵永平

去年在全国政协第九届三次会议期间，林嘉骁委员《建议保护我国历史文化名城的提案》成为一大热点，受到了有关部门的高度重视。今年参加“两会”，他依然为古城保护大声呼吁。

林嘉骁说，定海古城消失令人痛心。国务院曾公布过全国99座具有重大历史、科学、艺术价值的历史文化名城，但由于城市规划及不合理开发等原因，一些珍贵的文化遗产惨遭破坏。他认为，各地在历史文化名城的规划中，要保护旧城风貌，重点发展新区。现在，不少地方对许多特色鲜明的古建筑进行大拆大建，致使现存的历史建筑被大规模地人为破坏。有的城市在历史文化遗产密集的区域进行开发，直接拆除或迁移文物古迹，使我国的传统城市风貌、历史街区和大量相关遗产面临危机。他认为保护的关键是要在城市建设时做好前期规划，将老城和新区分开。

广西代表何培嵩也非常关注古城保护问题，这次他提出尽早出台《历史文化名城保护法》的议案，并且已经有30多个代表在议案上签名，他说：“在城市现代化和乡镇城市化的过程中，不少地方追求大规模的建筑群，致使千城一面。这种单一面貌的城市建筑正在吞噬着以历史城镇、街区、古老建筑为标志的城市特色和民族特色，许多具有历史意义的传统文化街区的历史真实性正在消失。”他认为，保护好历史文化名城可以促进旅游业的发展，进而给当地经济发展注入新的活力。保护好这些历史遗产，是城市发展的必要内容。在城市现代化建设中，要发展和保护并重，协调以相互促进，以使我国所剩不多的古城在法律上得到切实有效的保护。

（原载于《人民日报》2001年3月13日）

促进南南合作　推动可持续发展

——访全国政协委员、福建省科技厅副厅长林嘉骒

闵　民

1999年5月，国家外经贸部中国国际经济技术交流中心经与联合国有关机构商榷，决定在福建省建立“联合国南南合作网示范基地”，由福建省负责组织实施，总部设在福建省省会福州。这是一个什么样的机构？示范基地发展情况如何？它对当地的科技发展和经济建设起到怎样的推动作用？今年两会期间，示范基地主要负责人——全国政协委员、福建省科技厅副厅长林嘉骒接受了本报记者专访。

记　者：请问什么是“南南合作”？

林嘉骒：“南南合作”是发展中国家间的科技、经济技术交流与合作，在世界政治多极化、经济全球化的历史进程中已经发挥重要作用并将继续发挥更大的作用。我国是世界上最大的发展中国家，一贯十分重视南南合作并积极参与这一国际性活动。我国政府每年都拨出专款捐助联合国有关发展机构，还选出优先发展技术进入南南合作优先发展领域。当前，南南合作正从技术交流合作（TCDC）走向经济技术全面交流合作（ECDC），这是世界政治、经济、科技、商贸发展的必然，也是发展中国家顺应和平与发展的历史潮流的共同选择。

记　者：南南合作网示范基地是怎样的机构？

林嘉骒：为更好地参与南南合作，中国政府与联合国开发计划署合作在华建立了23个亚太蔬菜、亚太小水电、亚太竹子等国际区域性技术中心，并组

建了中国南南合作网。福建省以食用菌技术在可持续发展中的综合优势进入南南合作领域，成立了“亚太地区食用菌培训中心”。1995年成立以后，亚太中心作为国际区域性技术培训中心，通过举办国际培训班、召开国际学术研讨会、开展双边和多边国际经贸技术合作等方式，出色完成了所承担的南南合作任务。

为探索发挥我国23个中心优先发展技术的整体优势，更好地促进南南合作事业发展，外经贸部中国国际经济技术交流中心经联合国开发计划署、工业发展组织等有关多边机构同意，决定集中力量搞一个综合示范基地——“联合国南南合作网示范基地”，由福建省的亚太中心承担。

南南合作基地的主要工作职能是：执行南南合作任务；探索并实践从TCDC到ECDC的发展模式和运行机制；为发展中国家社会经济的可持续发展、优势科技的产业化、脱贫致富、妇女参与发展等提供示范、可操作模式与经验；开展国际培训、研讨、交流活动，促进当地经济的发展，进而带动发展中国家相关技术领域和产业的发展，推动南南合作事业。

记　者：此机构设在中国福建省，对福建的科技与经济发展能够起到哪些推动作用?

林嘉騋：我认为可以体现在三个方面：一是通过这个合作项目，可以利用这艘承载国际交流培训的“航空母舰”，将福建的食用菌专家和其他农产品方面的专家推介出去，在发挥和交流福建农产品人才方面优势的同时，也将福建具有国际市场开发潜力的农产品企业推向海外。

二是借助这个合作项目，通过扩大覆盖面的做法，可以将福建更多的实用技术推向世界。如我们正在将“亚太地区食用菌培训中心”改为“亚太实用技术培训中心”，增加花卉、盆景等其他培训技术，这样不仅能够为这个基地的可持续发展创造条件，也能向世界推介福建更多的实用技术。

三是通过这个合作项目，也将使我们从单向地引进外资、技术，朝双向地既引进外资、技术，也对外输出技术的交流层面转变。

记　者：目前，示范基地已取得哪些初步成就?

林嘉騋：示范基地自1999年5月在福建省运作三年以来，初步成绩可以体现在两方面：一是基地成员队伍得到壮大，现有成员达到几十家，包括阳光集团、南安市新发果林综合场、厦门灌口万宝山农业观光园等企业，而且基地在资金、人才、信息、技术等资源方面实现共享，如企业需要何种外籍专家，均由基地统一对外聘请；二是在基地建设中避免了重复建设投入，即由基地对下属成员企业中发展较好、有突出特色的企业进行资会、人员方面的追加投入，以迅速帮助企业形成效益，将资源用得其所，防止了重新建设及资源浪费。目前，基地的未来发展目标是要积极进行企业化运作，逐渐发展成为包含农业、信息产业、生物、医药等为一体的跨国企业。

（摘自《华夏星火》2002年第6期）

闽委员倡建对台自贸区

林嘉騋说，今年的提案是去年提案的延续，并且将内容进一步细化充实。他表示，从全球经济发展的走向来看，中国东南沿海势必形成一个环海峡经济圈，而福建和台湾则是这经济圈的轴心，密切加强两地的经济合作势必推动两岸经济的繁荣和双赢。

两岸经济具互补特点

林嘉騋认为，环台湾海峡客观存在着一个环海峡经济圈。近十多年来，已有500多万台胞到福建探亲、旅游、贸易。最新数据显示，福建省已经批准台资项目7600多项，累计合同利用台资达150亿美元以上。在闽投资的7000多家台企，多以“直航”优势来规划两地资源的优化配置。林嘉騋在提案中指出，闽省在建的海峡西岸经济区与海峡东岸的台湾已具备连接的充分条件，且两岸经济具有互补的特点。

提到构建海峡经济圈的具体措施，林嘉騋认为闽省地方可以根据自己的特色分别与台湾对接。比如福州的马尾与厦门的象屿两个国家级的保税区，其定位功能已具有自贸区某些特点，可以促进它们“先行一步”，将其建设成多功能、全方位、高开放的对台特区。而著名的台胞主要祖籍地泉州，则可以设立台商投资区，并赋予国家级经济技术开发区的优惠政策以及与福州、厦门等地台商投资区同等的优惠政策。

构建跨海区域金融区

林嘉騋更建议中央给福建地方直接与台湾商谈两岸直航事宜的权力，并在高雄、厦门之间设立经贸特区，实行大陆与岛内的一切货物、人员和船舶经此特区直接往来两岸的政策，这样即使暂时不全面开放“三通”，也可以达到“三通”的效果。

林嘉騋认为，台湾拥有数额巨大的闲置资金和外汇储备，充分利用台湾与闽南的文化认同和语言的便利，鼓励银行业进入台湾，主动嫁接两岸金融业务，促成跨越海峡的区域金融中心，是构筑环海峡经济圈的重要内容。

他说，厦门已有条件成为地区金融中心。厦门经济环境优越，进驻外资银行已有相当的规模，加之与台湾的自然、经济和文化的联系，厦门必然是台湾金融服务业进军大陆的重要战略选择地。

林嘉騋倡设中国航海节

林嘉騋还建议，以纪念郑和下西洋600周年为契机，设立中国航海节，将郑和下西洋首航纪念日7月11日作为中国航海节的法定日，以增强国民的海洋意识和海洋国土观念。

（原载于《香港文汇报》2005年3月4日）

海岛经济将助力福建发展

——访全国政协委员、福建省科技厅副厅长林嘉骕

自2005年起，国务院将每年7月11日的郑和下西洋纪念日定为中国的“航海日”，同时也作为“世界海事日”在我国实施的日期。为此，CIEN记者采访了该提案的提出者——全国政协委员、福建省科技厅副厅长林嘉骕。林嘉骕委员还就其在政协十届三次会议上提出的《关于发展海岛经济的建议》接受CIEN记者专访。他认为，福建有着丰富的海岛资源，全方位研究、规划、开发和利用海岛资源，将有力推动福建外向型经济发展，使之成为海峡西岸经济发展的又一亮点。

CIEN：你认为福建发展海岛经济存在哪些契机和优势?

林嘉骕：改革开放三十多年，我们一直将注意力集中在发展大陆经济上，海洋经济目前还是空白。我国是海洋大国，岛屿众多，试问真正开发的有几个？很多还是无人居住的荒岛。在资源紧缺的今天，如何充分利用我们丰富的海洋资源，加快海洋与海岛经济发展步伐，是亟待解决的问题。此外，温家宝总理在近期讲话中强调指出，全国应做好建设节约型社会的工作，而海岛经济中的“无烟工业”——旅游业恰是一种十分有利于节约资源的生产模式和消费模式。福建省位于东南沿海，是个多岛屿省份，比较大的岛屿有平潭岛、东山岛、湄洲岛和金门岛，无人居住的小岛不计其数，海岛资源十分丰富，倚靠闽台地缘、文缘、史缘、商缘等优势，发展福建海岛经济极为有利。

CIEN：福建海岛经济的发展将会给哪几大产业注入新的活力?

林嘉骕：海岛经济的发展将推动福建旅游业、风力发电、博彩业、渔业及油气矿产资源五大产业的形成和发展。平潭、东山、湄洲、金门几个大岛具

有丰富的旅游资源：有自然风光、宗教文化、连绵数十里沙滩可供利用。第一，可充分利用湄洲岛“妈祖文化”和东山岛“关帝文化”举办全国性海峡两岸“妈祖文化节”和“关帝文化节”，把旅游文化和宗教文化结合起来。此外，“小三通”可率先实现“两马两门”通航，促进闽台旅游业发展。第二，可学习借鉴外国如丹麦、荷兰等国经验，在风能资源丰富的平潭岛和东山岛建设大中型风能发电站，适当时候还可开发潮汐电站，实施可持续发展能源战略；借鉴美国的拉斯维加斯城、南非的“太阳城”、邻国周边地区的“卡西诺”，选择一个无人居住的岛屿兴建“卡西诺”，适度发展博彩业，进一步推动海上旅游业发展。第三，在渔业方面，我们可从传统的滩涂、近海养殖向深海发展，建设海上牧场、组织远洋捕捞。另外从地质情况看，闽台可携手合作，吸引外资或国外技术，勘探海底大陆架油气和矿产资源。

CIEN：你对海岛资源开发和融资方面有哪些建议？

林嘉騋：海岛经济的发展需要全盘考虑，港口建设要跟上，岛上可兴建贸易区、度假村等。岛屿的总体开发需参考区域、地理、气候和居民生活习惯等条件，因地制宜作出规划。

（原载于《中国产经新闻》2005年4月27日）

“航海日”背后：海洋强国的梦想

林　翊　龚小妹　卞　玺

今年7月11日，是郑和下西洋600周年纪念日，这一天也成为中国的第一个“航海日”。设立中国“航海日”的提案，是全国政协委员、福建省科技厅副厅长林嘉骕今年3月在全国政协第十届三次会议上提出的，6月即得到国务院的正式批复。林嘉骕在接受本报记者采访时表示，在郑和下西洋600周年之际确定“航海日”，这不仅沿承了开放、和平、交流、宽容等中华文化传统，更重要的是有助于国民海洋意识的提高和海洋资源的开发利用。

历史的启示

采访中，记者注意到，“航海日”提案的背后，更多的是林嘉骕对“海洋强国”的倡导。

“总体来说，目前我国的海洋意识和海洋观念很薄弱，对海洋资源的认识还很有限。这对于高速发展中的中国而言，是不正常的。”林嘉骕强调，确立“航海日”意义重大，对弘扬爱国主义精神，增强民族自豪感和自信心，增强人们开发海洋、发展海洋经济的意识，推动航运及造船事业的发展，都能起到积极的推动作用。林嘉骕说，600年前，郑和就开始了下西洋之举，比哥伦布早半个多世纪。但到了大明宣德以后中国开始实施“海禁”，最后竟然闭关锁国，导致中国落后于西方，距离越拉越大。1840年海上列强通过坚船利炮打开了中国国门，开始了我国长达百年之久的凌辱岁月。“如果我们拥有很强的海洋意识，中国现在就不但是一个海洋大国，还是一个海洋强国，这是历史留给我们的惨痛教训。”

600年前的今天，大明三宝太监郑和在江苏太仓起锚，开始了这场堪称世界航海史上的壮举，同时也开辟了中国历史上短暂的海洋时代。从公元1405年冬到公元1433年夏末，28年间，郑和七下西洋（主要是指亚洲南部和非洲东部沿海的各个国家和地区），经历30多个国家和地区，其规模之大、航程之远、范围之广、时间之久，都是古代其他国家所无法比拟的。在郑和第七次出航后57年，葡萄牙人迪亚士才发现好望角；62年后哥伦布才开始他的美洲发现之旅；哥伦布5年后，达·伽马才驶向印度洋。郑和史诗般的远航绝唱，是日后西方冒险的航海家们都难以望其项背的。不仅西方人的航海史晚于郑和，其船队的规模、航海技术、船只性能也无法与郑和相提并论，这些都证明了我国航海技术自古就远超西方国家。

更具有意义的是，郑和七下西洋，带给各国的不仅仅是永乐帝“欲耀兵异域，示中国富强”的初衷，更重要的是带去了实现和平的理想。郑和每次远航，没有占领任何土地，并且要求下属“入境问禁，入国问俗”。他希望大明帝国与世界各国之间建立起“薄来厚往”“礼仪治天下”的和睦友邻关系。这与后来西方人以强盗、血腥的掠夺开创海洋时代是迥然不同的。因此，林嘉骕认为，郑和下西洋所代表的文化精神——开放、和平、交流、宽容、合作，正是我国当前所弘扬的外交精神，这更是当今世界一体化进程中需要强调的精神文明。

海洋与强国梦想

国家的兴盛与海洋事业密不可分。只有海洋，才能缔造真正的世界强国。西方国家因对海洋领域的占有而迅速崛起，并频频通过海域扩张来聚集财富，历史已经告诉世人，一个国家要国富民强，海洋是不可或缺的重要领域。

2001年，世界银行公布的2000年全球国民生产总值前10位的国家均是沿海国家。我国是拥有300多万平方公里的海域面积、1.8万公里海岸线的太平洋大国，国际贸易中，90%的货物通过海运完成。但海洋的开发利用仅止于海运是远远不够的。在林嘉骕看来，海洋就是一个拥有巨大资源的宝库。

在能源日益紧张的21世纪，海洋因蕴藏巨大的能源而成为许多国家为之一争的领域。据估计，在中国300万平方公里的海洋中，蕴藏石油资源量150亿—

200亿吨，天然气资源量6.2万亿立方米。中国沿海还蕴藏有丰富的可再生清洁型能源，总储量达6.3亿千瓦，仅潮汐能就达1.1亿千瓦。同时，现在水资源很紧张，但通过将海水淡化即可缓解；深海中的很多物资为可用于治疗心血管等疾病的药品原料；海洋中也蕴藏着氘、氚等丰富的核聚变材料。应该说，海洋和我们的生活是息息相关的，尚待开发利用。但事实上，我国现在对海洋的开发还仅停留在发展近海的网箱养殖。与此同时，海洋污染却早已出现，被污染的江水进入大海后，造成黄海、渤海等海域经常出现赤潮。

此外，世界上很多资源缺乏型国家都在发展海岛经济。如新加坡本身的陆地资源有限，但它充分利用周边的岛屿国土，建成一个大型的石油示范基地，把石油从中东运进来，然后在岛上提炼成汽油、柴油、煤油；地中海、加勒比海的一些国家，将周边的小岛开发成度假胜地；法国和英国则通过海底隧道来跨越整个英吉利海峡。我国有1. 8万公里的海岸线，1. 4万公里岛屿线，还有6500多座岛屿，但开发得比较好的岛域仅仅是海南和台湾，多数岛域几乎还是荒芜的。

林嘉騋以海运为例，来说明开发海洋事业的现实意义。林嘉騋认为，与高成本的大陆交通开发相比，海洋客运就科学、经济得多。他说："我国海岸城市间距在360公里左右，为什么不利用海上客运来分流春运、黄金周等带来的拥挤呢？世界上很多国家都非常重视海运，像欧美发达国家，他们都大量开发海上豪华客轮。而在中国，改革开放三十多年来，政府把大量的精力集中在大陆经济的发展上；不管是中央还是地方，大量的资金都投放到高速公路、铁路和航空等领域。在海运方面，中国目前仅经营一些货运项目，客运方面几近为零，海洋旅游的开发更无从谈起。我国是个产钢大国，又拥有先进的造船技术，完全有能力开发大吨位的客运游轮，既可解决日益拥挤的城市交通，又能开发海上旅游，获得可观的经济效益。"

尤为值得一提的是，我国的海洋权益正在遭到周边国家的侵犯。林嘉騋说，日本无视历史事实，一直占据主权属于中国的钓鱼岛；印度近年来大力发展海上力量，并不断派遣舰队与越南等南海周边国家联系，显示其对中国南海地区的战略航道地位和海洋资源的兴趣；在南海水域，除中国控制6个礁和中国台湾驻守最大的太平岛外，共有39个岛礁被侵占……

林嘉骕希望，“航海日”可以形成全社会关心、支持港口航运事业发展的氛围，推动海洋文化、科技和经济的发展；树立中华民族的自信心和自豪感，弘扬爱国主义、集体主义和自强不息、开拓进取、不畏艰险、百折不挠的民族精神；推动海峡两岸交流，增强中华民族的凝聚力，团结海内外同胞，促进祖国统一大业的早日完成；将中华民族正义、和平、睦邻、友好的优良传统传播到世界各国，促进世界和平与共同发展。

（原载于《福建工商时报》2005年7月20日）

“龙王”凸显预警缺失

——访全国政协委员林嘉骒

龚小妹　席杰梅

印尼海啸、美国飓风、南亚次大陆地震、“9·11”恐怖袭击、俄罗斯校园劫持、伊拉克一系列绑架，以及近期伦敦地铁爆炸、印尼巴厘岛连环爆炸……一连串的自然灾害与恐怖主义行为，让世人感受到了前所未有的震惊与悲恸。

如果说这些距离遥远的灾难给我们的体会仅是精神上的嘘吁，那么10月2日的第19号“龙王”台风则让我们真切感受到了灾难来临的切肤之痛：洪水来袭，造成严重洪涝，群众生命遭受威胁，财产和诸多公共设施遭遇灭顶之灾……无情自然灾害的威力让人不寒而栗。日前官方最新统计数据显示，截至10月8日，福建全省402.79万人不同程度受灾，直接经济损失已达74.78亿元。

“灾害预警机制的缺失，是此次‘龙王’肆虐、损失加重的一个不可忽视的原因。”正准备提交“关于城市要加快建立健全防恐、防自然灾害预警机制建设”提案的全国政协委员、省民革副主委林嘉骒日前向记者表示，开展灾后反思工作，从灾难中吸取教训、总结经验，降低日后类似灾难的损失是当前社会各界人士应该共同探讨的课题。

虽然目前灾后清理与建设工作已近尾声，但此次的“龙王”台风也让政府应对灾害的能力经受了一次全面的检验，暴露出了一些亟待解决的问题。人们开始反思灾害中的人为因素：如果人们具备自救常识，就不至于在灾难来临时变得如此艰难；如果相关部门预先通告，那么可以减少许多不必要的损失；

如果防火防洪防恐设施完善，那么不至于损失那么惨重；如果所有防灾信息能够及时地被搜集、被输送、被重视、被通报、被宣传，那么对这次灾难的描述也许可能是另一个样子。

林嘉骕说，他在“龙王”来临期间曾密切关注过所有的新闻媒体报道，包括电视台、广播、报纸等，但他发现，对于这次“龙王”台风，几近没有预报，也没有相关必备的预防报道，“如果能够及时预警，一定能够减少灾难损失”。

遗憾的是，此次灾害来时，我们有许多能避免的损失因为日常的忽视而无法避免。据相关媒体报道，对于这次“龙王”带来的损失，有专家指出，福州市有118个小区建在地下库的配电站及一些重要设施被淹，损失惨重。主要原因是因为房地产开发商在建筑大楼的地下设施设计中，根本没有建造地下库密闭门及其他防洪设施。为此，在百年一遇的特大洪水到来之时，感到束手无策。

灾害是伴随着人类社会发展的永恒主题，文明也不能将其尽数除去。然而，依据历史经验、科学技术和有效管理，灾害发生之前，人们却可以尽最大的努力去防范与逃离，减少不必要的损失。因此，如何去掉这些人为因素，实现对灾难的科学管理、理性干预和及时预警，是当前城市建设者在规划时应该关注的课题。

“此次仅仅因为台风，损失就如此厉害。如果是其他灾难性事件，该怎么办？”林嘉骕表示，福州是台风、地震多发区，随着全球气候变暖以及自然环境的不断恶化，今后的自然灾害可能越来越多。因此，政府应该以此次洪灾为鉴，在今后的城市规划与建设中重视预警机制的建设以及相关防洪防火防恐设施的建设和信息的宣传。“自然灾害不可避免，但如何将损失降到最低，才是最关键的。”

关于预警机制的建设，可以借鉴日本、英国等发达国家的经验。如日本会培训孩子从小就学习一些自救的基本知识，防患于未然；英国伦敦发生地铁大爆炸后，就是借助地铁里的探头录像反转后查出真凶的。林嘉骕认为，预警机制的建设包括自救知识的宣传与普及，这一方面内容需要政府的扶持与民间组织的共同参与，如办培训班、开展自救演习、社区定期展开灾害知识讲座等；包括加大防灾公共设施的建设，如广播、电视、网络等公共媒介的建设，布点要科学合理，这样才能在灾害来临之前及时发出通告，减少不必要的损失；包括完善水库与电站的管理体制，以科学的态度来管理和控制水位和电力机站的布点，相关部门要有全局和前瞻性的眼光；包括政府部门要加大力度，严格规范房地产商在建设车库时应该配套的防水防火设施，依据建设部的要求及相关法律法规进行地下建设。

“凡事预则立，不预则废。”重大自然灾害本身就是极具新闻性的重大事件，它的发生深受社会各界的普遍关注。而对重大自然灾害进行及时、全面、准确的反思，则更让世人警醒与进步。“龙王”再次警醒着我们预警机制的重要性：进行灾难预警的建设与自救常识的普及，那么灾难的损失就会减少很多。而弱者的无谓牺牲同样在不断地提醒着建设者的责任心：是该重视各类灾难预警建设的时候了！

（原载于《福建工商时报》2005年10月14日）

闽企自主创新当如何着力

——福建省海峡科技交流协会会长林嘉骕访谈录

巫望群

在前不久召开的中国共产党第十六届中央委员会第五次全体会议上，“提高自主创新能力”被屡屡提及。11月3日召开的中共福建省委第七届委员会第十次全体会议审议通过的《中共福建省委关于制定福建省国民经济和社会发展第十一个五年规划的建议》中，“自主创新”的字眼也不断地出现。可以说，政府对自主创新的倡导，正反复刺激着企业家的神经。

然而，“创新”二字说来容易做时难，福建企业的创新之路面临着种种困难和障碍，企业以及社会各界如何化解这些困难和障碍，以提升自主创新能力？近日，记者专访了全国政协委员、联合国开发计划署中国政府南南合作专家委员会委员、福建省海峡科技交流协会会长林嘉骕先生。

福建企业自主创新能力缘何不足

企业没有足够的资金实力来成立自己的研发中心，多数企业的自主创新必须依托高校和科研院所的专家、学者。

传统评价体系的引导，也在一定程度上削弱了福建企业的自主创新能力。

记　者：“建立以企业为主体、市场为导向、产学研相结合的技术创新体系，形成自主创新的基本体制架构。”这是中共中央关于制定“十一五”规划的建议中有关自主创新的重要论述，体现了企业在自主创新中的重要作用。你认为企业在自主创新中的重要性体现在哪里？

林嘉騋：只有企业的自主创新能力得到提升，才能使国家整体创新能力得到增强。企业在自主创新中扮演重要的角色，它既是技术创新决策的主体，也是投资主体，更是研究开发和科技成果转化的主体，在市场经济中，企业具有其他各类创新机构无法替代的地位和作用。

实际上，中央“十一五”规划建议还提出，“把增强自主创新能力作为科学技术发展的战略基点和调整产业结构、转变增长方式的中心环节”，这表明，推进自主创新能力建设已作为一项国家战略，被摆在更加突出的位置。

记　者：从全国范围来讲，当前闽企的自主创新能力排在什么位置?

林嘉騋：从我本人所掌握的资料来看，目前福建省企业的自主创新能力排在广东、浙江、江苏三个省份之后。福建省这两年专利的发明申报数在全国名列第八位，但是企业自主创新的专利却很少，这不仅体现出了福建企业知识产权保护意识的薄弱，也从另一个角度体现了福建企业自主创新能力的不足。

记　者：是什么原因导致福建企业的自主创新能力比较弱?

林嘉騋：首先是由于福建的企业以中小企业居多：一方面，企业没有足够的资金实力来成立自己的研发中心；另一方面企业本身又缺乏人才，所以福建省多数企业的自主创新必须依托高校和科研院所的专家、学者。但我们要承认，福建的高校以及专家、技术人才的数量不及广东、浙江等省。

其次，跟传统观念的影响也有很大的关系。过去在对一些专家学者评职称或评价其科研成果时，比较重视论文，而专利技术的发明则被认为是雕虫小技。传统评价体系的引导，也在一定程度上削弱了福建企业的自主创新能力。

最后，过去福建省高校、科研院所的专家学者科技项目的立项，往往只从自己研究的领域去考虑，没有从企业的技术开发层面上着眼，所以产学研结合得不紧，这也制约了企业的技术创新。

自主创新也可以借助外力

企业与科研机构应该是技术创新的双主体。

我们也鼓励一些企业自己成立研发中心，包括与海外的企业或国内的重点大学合作。

记　者：你认为在促进产学研结合方面，福建省内的高校、科研机构和企业可以怎样互动？

林嘉騋：企业与科研机构应该是技术创新的双主体。科研机构仅作为知识与技术的生产者还远远不够，必须深入参与企业的技术创新，不仅向企业推介技术，还要帮助企业去实施，为企业提供从技术立项、研发、咨询到技术管理等方面的服务，成为技术创新的主体之一，与企业共同进行技术经营，才能加快技术创新步伐。

我们也鼓励一些企业自己成立研发中心，包括与海外的企业或国内的重点大学合作，这是最好的办法。但如果还不具备这种条件，那就借大学或科研院所的专家学者之力来提高自主创新能力。事实上，福建一些有实力的企业如新大陆、福耀玻璃、恒安和安踏等都在建设自己的研发中心，并投入了大量资金，但目前大部分中小企业还没这个实力。

记　者：那么在扶持尚欠实力的中小企业自主创新方面，社会和政府相关部门有哪些可为之处？

林嘉騋：近年来，福建省各级政府都陆续出台了一系列政策，鼓励企业进行自主创新，特别是在科技项目立项过程中，对高校、科研院所的专家学者与企业联合申报的项目予以重点扶持，促进产学研的结合。同时，自2003年以来，每年6月福建省政府都举办一次项目成果交易会，促进资本、技术、项目和人才的对接，使大专院校的科技成果能和企业在这个平台上直接对接。

此外，福建还建成了六家国家级企业技术中心和91家省级企业技术中心，泉州市还建立了一个技术开发公共平台。通过这些平台，企业可以共享信息、技术、人才、试验设备等资源。这有助于企业通过自主创新带动经济效益的增长。

记　者：要想成为世界级企业，就要充分利用国际资源，你认为福建的企业该如何利用国际资源进行自主创新？哪些国际资源可以为我们企业所用？

林嘉騋：从世界经济全球化、区域经济一体化的大趋势来看，企业乃至国家之间进行资源共享是一种必然，这些资源包括资金、市场、技术、人才、信息等。

福建企业在进行自主创新时，要学会“引进来”，现在福建的企业由于资金短缺，在引进来的过程中，多数只注重引进资金这一层面。实际上，从长远来看，在利用国际资源的过程中，引进技术才是实现技术进步的捷径，技术引进来后，就要与消化、吸收和创新相结合，才能迅速提高企业本身的自主创新能力。政府有关部门也应统一引进产业共性技术，通过多种渠道，加大对外来技术消化、吸收和创新的投入。

利用国际资源的另一条途径就是“走出去”，目前不少闽企以产品出口为契机，在海外建立生产销售基地。但“走出去”不单单是为了占领别人的市场，更要想办法和国际一流的研发机构合作，在合作中学习，借助国际一流的研发机构，把我们的人才培养成为高端人才。这样，我们在充分利用国际资源的同时，也培养了企业自主创新的人才。

变“福建制造”为“福建创造”

福建企业今后不应仅仅满足于为国外企业加工产品，还要有自主创新的新产品，这将是以后发展的重点。

扶持民企创建高科技产品品牌，首先要建立向民营企业提供自主创新技术服务的中介体系，其次要制定激励民营企业自主创新的政策。

记　者：当前，福建省在建设海峡西岸经济区的大格局中，要变“福建制造”为“福建创造”的呼声愈来愈高，福建企业走向“福建创造”的条件和时机是否已经成熟?

林嘉騄：我个人认为，还是要从福建如何加大自主创新力度这方面去理解。中国已经成为世界制造业大工厂，而福建的制造业颇具代表性，很多名牌服装、鞋帽都是在福建加工生产，也就是说，福建一直在做贴牌生产，为别人打工。贴牌生产的利润是很低的，比如福建的万利达，每生产一件产品，都要向日本企业缴纳专利费，只能赚取其中很小的一块利润。

制造业的根本出路不是廉价劳动力，而是靠掌握核心制造技术，提升国际竞争力。福建制造业在承接国际产业转移过程中，通过学习国外先进技术、跨国公司的技术外溢和本土化以及自身的技术进步，已经由初期主要集中于垂直分工（产业价值链的分工，可分为研发、生产、销售和服务三大环节）的低端产业链逐步向水平分工（劳动密集型、资本密集型、技术密集型产业的分工）和垂直分工双向发展，为“福建创造”赢取了一定的空间。也就是说，福建企业今后不应仅仅满足于为国外企业加工产品，还要有自主创新的新产品，这将是以后发展的重点。

记　者：刚才你提到福建企业自主研发生产新产品，这又涉及品牌创新方面的问题了。有一组数据很值得我们思考，在新近揭晓的2005年“中国名牌”评选中，福建有33个产品获得“中国名牌”称号，比去年增加近一倍，至此福建共有62个产品被评为“中国名牌”。目前，福建被评为“中国名牌”的产品数量居全国第5位，但为什么在外界看来，福建企业自主创新能力仍然不高呢？

林嘉騋：这就是品牌自主创新的发展战略问题了。福建的产品品牌确实不少，但较多的品牌还是停留在一些传统产业如服装、鞋帽和食品领域，并且多数集中于民营企业，高科技领域的产品品牌还很少。福建的产品品牌不能停留在“老字号”上，要不断地创造新的品牌，特别是要在高科技领域树立一些品牌。

记　者：那么，可以通过哪些手段扶持民营企业创建高科技产品品牌？

林嘉騋：首先就是要建立向民营企业提供自主创新技术服务的中介体系，大力培育各类技术中介服务组织，为民营企业提供技术创新、成果转换、技术咨询等方面的服务。在各类技术中介服务组织中，有相当一部分是为民营企业提供公益性、扶持性的技术创新服务，这些中介服务组织本身具有一定“公共产品”的属性。

其次，要制定激励民营企业自主创新的政策，可适度集中财政资金建立民营企业自主创新基金，扶持创办科技型民营企业，支持民营企业自主创新，加快技术进步，提高其市场竞争力。这一方面泉州市做得比较好，特别是晋江和石狮等地，对生产名牌产品的企业给予了一定的物资或政策的激励。

记　者：从自主创新的角度来看，福建企业最大的优势和特色在哪里？你认为福建可以怎样利用这种优势？

林嘉騋：对台，这是福建的特色，也是其他省份都无法取代的优势。今年3月，我向全国政协提交了《关于建设海峡两岸高科技城的提案》。我在提案中提出，可以引进台湾新竹和台南的高科技企业，在福州长乐建立一个高科技工业园；此外，还可以吸引台湾的金融机构、中介机构甚至教育机构，形成一个能够容纳五六十万人的台湾城。这样，可以在本地形成完整的上下游产业链，不但可以帮助解决福建大中专学生的就业问题，还能提供一个平台，方便大专院校、科研机构的专家学者与台湾的科技人员进行交流和协作。

（原载于《海峡财经导报》2005年12月1日）

民政部审批慈善机构、公益组织时应放开

2007年3月10日下午3：00，林嘉骒带着他的提案做客腾讯，与网友分享他对两会民生问题的思考。

按照联合国标准，我国贫困人数不止二千万

主持人：腾讯网友，大家好，欢迎大家光临两会嘉宾聊天室，今天我们请来的是中国扶贫开发会副会长林嘉骒先生。首先请您跟广大网友打声招呼。

林嘉骒：网友们，大家好！

主持人：林老师是刚刚参加了两会。能不能就您今年的两会提案来聊一聊？

林嘉骒：今年两会，我关注的问题还挺多的。一个是老百姓比较关注的社会热点问题、焦点问题。另一个是海峡两岸关系的问题、祖国统一的问题，还有非物质文化遗产的保护、开发和利用。提案有20来个。

主持人：对于扶贫工作，您好像关注得特别多。我想问一下，目前我国农村地区的贫困状况大概如何？

林嘉骒：改革开放近30年来，我们国家经济发生翻天覆地的变化，但是城乡差别、贫富之间的差距、沿海和中西部地区的差距越来越大。去年，全国政协和我们扶贫开发会组织人员，一起到陕西的延安、山西的太行山革命老区、江西的瑞金革命老区，还有内蒙古和云南一些贫困地区考察，我们感觉，他们与发达地区的差别是比较明显的。

原来我们国家有1亿多的贫困人口。近30年来，从中央到地方都非常重视扶贫工作，现在全国贫困人口还有2000多万。按照联合国标准，贫困人口可能

还不只这个数。所以我们感觉，肩上的扶贫任务还是挺艰巨的。

主持人：扶贫开发协会具体做哪些方面的工作？

林嘉騋：我们扶贫开发协会是NGO组织，是经过国家民政部批准成立的，主管部门是国务院扶贫办。主要是按照中央常委批示的精神，动员全社会的力量，把扶贫工作做好。

我们国家的扶贫工作分为两大块：一是执行国务院扶贫的任务。每年国家财政都有拨钱，拨到各省、各市县，主要是解决贫困地区、边远老区和贫困山区的资金缺口问题，比如地方要发展什么产业需要资金，就把钱拨下去。一是动员社会力量，特别是动员沿海地区比较强的企业，他们在改革开放30年中富裕起来，愿意做一些扶贫事业，还有就是动员海外的组织，为我们社会作一些贡献。

郭台铭给大陆教育捐了一亿人民币

主持人：今年都有哪些重点工作？

林嘉騋：一块是教育扶贫。比如台湾的郭台铭，他捐了一亿人民币给中国扶贫开发协会，就是搞教育扶贫，专门针对贫困地区的农民孩子，让他们接受教育，到正规学校免费学习。还有一块是农民工子女的继续培训，让他们掌握一定的技能，可以到东部沿海地区去就业。

主持人：除了捐赠以外，今年你们扶贫工作还有什么？

林嘉騋：国家财政这一块，主要是通过扶贫办这个系统层层下拨，这是政府在做的事情。我们作为NGO组织，积极配合政府工作，动员全社会力量。比如刚才讲到的企业定向捐款，我们考察得比较多，包括到边远山区、革命老区，考察当地有哪些资源，动员东部沿海地区的企业家到那里投资，所以我们在招商引资方面也做了大量的工作。我们的扶贫工作很重要的一大块就是产业化扶贫和开发扶贫，因为产业扶贫和开发扶贫跟“输血”一样起着一个作用，就是培养地方的“造血”功能，企业家在那里培养完了以后，通过公司+农户的模式，使当地群众掌握一定的技能，慢慢地自力更生、艰苦奋斗，从根本上改变地区的面貌。

主持人：不直接把钱发到他们手上，而是通过一些间接的方式，使他们的生活得到改善。

林嘉骒：我们涉及的面很广，包括产业化扶贫、开发扶贫，同时把一些科技成果带到贫困地方去，进行科技成果的培训，提高当地农民的农业技术水平。现在世界经济全球化，农业逐步从传统农业向现代农业发展，让他们从根本上一步到位，用一些比较新的科学技术来武装自己。现在农村信息化很重要，我们就选了一些试点，做一些试点工作，让农民用上电脑。我们还让一些有爱心的企业捐钱，或者捐电脑，把这些东西配备到农村去。我们还搞医疗卫生扶贫，让药厂和医疗仪器厂献爱心，捐药，捐医疗仪器，送到农村的医院去。城市医院以前进口的外国先进设备，淘汰下来，还能用，这些东西就送到农村的卫生院，也可以解决燃眉之急。除此之外，还有文化扶贫，就是送图书下乡，还有一些书法家献爱心，捐赠作品，我们进行拍卖。他们愿意搞信息化，我们帮他们搞信息化；愿意搞项目，我们帮他们搞项目。

主持人：在扶贫开发过程中有没有遇到过一些困难？

林嘉骒：有困难。我们也是在不断地探索、创新。因为我们扶贫开发协会本身没有资金，都要靠动员社会的资金，政府也没给我们钱，跟扶贫办的任务又不一样。除了企业捐款，我们跟国家开发银行谈了一个全面合作协议。贫困地区如果有好项目，我们的可研报告送上来，通过专家评审，就向国家开发银行推荐，建议国家开发银行把资金贷给他们。因为国家开行的资金贷款期很长，一般就是10年期，这样比较适合农业开发方面的扶贫。还有一个好处，它不要企业担保，也不要财产抵押，所以比较适合贫困地区产业发展的需要。虽然我们协会力量比较弱，但我们进行三大整合：一个是资金整合，利用国家银行的资金帮助他们，今后还准备逐步建立起小额贷款机制，争取国家给他们政策，同时争取一些大的企业，按它们的意愿出一点钱，组建担保公司。这几种方式都是解决扶贫工作当中的资金问题。二是人才资源的整合。这是很大的一块。即把大专院校、科研院所的专家、学者组织起来，上山下乡，把科技成果转移到农村去，转化成生产力。三是市场资源整合，比如将西部生产的产品，我们供应给东部。今年厦门搞开发会，我们还是组委会很重要的一员。我们有自己的摊位，组织一些农产品在会上展示，让外国投资商或者东部沿海企业家到那里进行投资。

我们协会通过帮企业赚钱来获得捐助

主持人：现在协会里的工作人员大概有多少？

林嘉騋：不多，就十来个。大多数为我们工作的人都是义工。

主持人：我感觉它不成规模，也没有固定的工资。人员方面会不会成为你们扶贫开发工作的难点呢？

林嘉騋：我们是感到比较困难。我们协会现在搞的是会员制，有会长、副会长，常务理事、理事，还有普通的会员。我们通过发展会员来壮大我们的队伍。我们的会员基本上都很有爱心，有钱出钱，有力出力，重大活动的时候他们来当义工。另外我们通过为企业提供咨询服务，帮助企业解决一些困难。企业赚了钱，比如赚了一亿，如果是因为协会的支持，那就捐一千万给我们。

主持人：等于是一种变通的模式。

林嘉騋：通过咨询服务。比如他们遇到法律问题，我们让法律顾问帮他们解决。这样的话他们就捐一些钱。我们基本上还是属于自收自支的单位。大多数工作是靠义工来做。

主持人：我也看了一些相关报道，有企业家反映，在基层投资遇到很多困难，比如地方保护主义和一些政策问题。您在扶贫开发过程中，有没有遇到过类似的困难？

林嘉騋：有，各种情况都有。比如我们的企业会员碰到经济纠纷的时候，或者遇到不公正待遇的时候，他们就有反映，我们通过律师咨询，咨询完后，我们会长就出面到地方上帮他们协调、解决。我们这个协会总的宗旨，就是为企业服务。为企业解决问题，它就很热心做这些慈善事业。如果企业想投资，比如自己有30%的资金，还有70%的资金缺口，那么我们通过国家开发银行给它们提供贷款资金。上一次我参加了国务院发展研究中心的课题调研，又认识了中国农业发展银行的领导，农发行也很愿意跟我们合作。现在几大商业银行都开始重视扶贫开发工作，都愿意为这方面出力。今后这支队伍会越来越壮大。至于说其他投资公司，就更多了，有的很主动地跟我说，是不是可以利用我们扶贫开发协会这个平台，他们出一点钱，组建一个公司，从公司的盈利当中拿出一部分做扶贫事业。

主持人：您经过调查研究，从城市到农村的资金、信息，流到县一级就很难再深入，这是什么原因呢？

林嘉騋：我们国家改革开放30年来，重点还是放在东部沿海的建设上，重点放在城市。农村方面，这几年开始关注。比如免除农业税后，失去土地的农民今后的生活怎么样，我们也在调研、探讨。有的地方做得比较好，我们也在总结经验。比如说，有一个企业家把200多户专门养观赏鱼的人组织起来，互相流通。有时候往国外出口，一家的货源不足，可以把这200多户的资源集中在一起。我们不断地调研，把这些好经验写成内参，向中央高层领导报告。

主持人：在具体的扶贫工作中，有没有让您特别感动或者是印象特别深刻的事情？

林嘉騋：搞扶贫工作的人要有爱心。给我印象很深刻的是，我们会长是一位非常有爱心的老同志。他过去也是德高望重的老同志，曾经是山西的省委书记，也当过煤炭部的部长。

主持人：您自己为什么这么关注扶贫工作？

林嘉騋：因为我原来在福建省工作，各个岗位都待过，当过大学的老师，当过外贸集团的老总，也当过科技厅的厅长，现在退下来了。我是第九届、第十届、第十一届的全国政协委员，当时跟着会长参加过几次全国政协的视察，被他的人格魅力吸引，就跟着他到北京来参与这个工作。

华南虎事件属道德问题

主持人：除了扶贫工作，您还很关心华南虎的问题，为什么？

林嘉騋：第一，我爱好比较多，也爱好摄影，从摄影这个技术角度来看，那张照片肯定是假的。其二，华南虎属于濒临灭绝动物，据一些专家讲，要么找不到，要么很少。在陕西那个地方，一个普通农民就能用数码相机拍出华南虎的照片，科学上讲不通。一般来说，在动物园里拍老虎，老虎都会对你虎视眈眈，更何况在野外？有一次我出差，看到水牛很好看，给它照了一张，它就冲着我跑过来，吓得我赶快跑掉了。就周正龙的照片看，他是在距老虎很近的地方拍的，这个不可信。

主持人：关于这件事情，您有没有提案？

林嘉騋：没有。但我有一个专门提案，《关于建议出台公民社会责任的道德条例的提案》。

主持人：这是什么样的内容呢？

林嘉騋：我举了一个新闻记者假报、漏报的事情，另外还举了周正龙的假华南虎事件。整个社会的道德败坏风已经很糟糕了，假酒、假药、假学历、假职称、假科技成果，这些道德上面的事情已经延伸到各行各业，涉及一些官员和知识分子。原来知识分子是很清高的，哪儿会出现剽窃论文这些问题？所以各行各业都出现了浮躁的现象。我提出明确的建议：我们不但要依法治国，而且要以德治国，有的东西已经触犯法律了，法律可以处理；法律不可以处理的，已经有了道德的问题，就需要公民有道德规范。不能乱讲话，乱做事。

国家应该批准私人办校

主持人：好像您还对教育问题特别感兴趣，您今年的提案当中也有这方面的内容。

林嘉騋：我感觉，在教育改革方面老百姓的意见比较大，关键是大学的盲目扩招，造成大量的毕业生找不到工作。每年都有100多万的学生找不到工作，这给家庭造成压力，给学生造成压力，所以每年一定要根据就业岗位的多少，来核定大学生的人数。现在不但是大学生扩招，硕士生、博士生也扩招。我记得在我们那个年代，一个硕士生导师就带五六个学生，博士生导师也是这样。现在不是这样，一个研究生导师带好多学生，就像生产产品一样，粗制滥造。同时，学校的招生名额很多，造成民众觉得，高中念完了以后就该念大学，然后念研究生。现在的职业院校、职业中专、职业学校却招不到学生，这样就使得教育结构失衡。现在已经出现苗头了，如果政府再不控制这种局势，再过三年五年，会有很多学校招不到生。因为我们国家实行了计划生育政策，听说有些农村里的小学已经偏多了，开始是小学结构调整，关停并转。招不到学生的小学就关掉，再过若干年中学也偏多，最后是扩招的这些大学——盖那么多校舍，但招不到学生，这不就造成了社会资源的严重浪费？到时候我们国家进入老龄化社会，这些人转行，就住进了养老院。

主持人：就是说，要根据具体工作岗位来设置学校的招生名额。

林嘉骕：教育一定要两条腿走路。比如，国家财政保证公立学校，比如大学、中学、小学的运转，同时允许民间资金进来。因为我们国家30年来的变化很大，老百姓手中有钱了，富裕的企业家中有爱心的很多：我宁可不赚钱，或者少赚钱，投入多少亿办学校，办职业学校，或者是办国家承认学历的大学。我认为必须批准他们这样做，只要专家评估认为其够条件。为什么不能一条腿走路？这样就跟得小儿麻痹症一样，走不稳。两条腿走路，国家财政一块，民办私立学校一块。其实哪个国家都有私立学校，为什么我们不让办呢？福建厦门有一个金地房地产集团，他们的董事长很有爱心，在厦门投资七八亿元，盖了一所福建理工学院。福建省很支持他们，报到教育部，但八个多月以后还没有批。

盲目扩建是不是浪费？大学盲目地扩建，扩建要贷款，贷款有利息。我这个提案提得蛮严重的。这些大学欠银行几亿元，甚至十几亿元，到时候大学破产，银行就有大量的呆账，跟美国的次贷危机有什么两样？这些情况现在看不出来，但以后会影响到我们国家的金融体系，从教育进而影响到其他方面的发展。企业家都说招工太难，就是职业学校的招生问题，招生太难了。

县政府只该建一幢办公楼

主持人：技能学校的培训跟不上。您还比较关心国家机构改革这一块，这个能不能讲一讲呢？

林嘉骕：前几年开全国政协会议，我提出了关于构建节约型政府的提案。十七大之后，胡锦涛总书记又提出构建服务型政府的意见，我感觉非常好。新中国成立以来，我们机构改革已经进行了好几次，但机构改了以后，过一段时间又膨胀。机构改革的关键在于政府职能的转变，就是大量的事务是政府不该管的事，应该交给民间组织，权力下放。很多事务上，政府不能既当运动员，又当裁判员，导致权力过分集中，权力集中又缺乏监督就会导致腐败。比如我有资金，某个项目获得了立项，专家评审认为，这个项目应该给你，就把这个项目给你。但是进行鉴定、验收的时候，就不能再让这帮专家做了。要改变现状，关键在于政府职能的转变。至于说行政方面，浪费的地方太多。县里一个很小的机构，没有多少人，也要盖一栋楼：公安局盖一栋楼，工商局盖一栋楼，其实可以让所有部门在一起办公，搞一条龙服务，提高行政效率、办事效率。中央部委当然不能全部在一起。但到县乡一级，就不能再建这么多楼房了。至于说基层干部不该配车的配车，不该配秘书的配秘书，这些太浪费了。又比如，现在科学技术这么发达，何必一定要在北京开会呢？完全可以搞电视电话会议。有时候开会传达精神，我们都传达腻了。将中央会议精神传到省里，省里再向下传达，其实完全可以直接开电视电话会议。

主持人：您提的这些议案都很好。

林嘉騋：这些也是老百姓关心的问题，因为这些问题我确实是经过调查发现的。到了基层，老百姓会讲这些东西。

中国人不热衷慈善，与国家政策有关

主持人：我们再回到关于慈善的话题，您接触到的这些企业家，他们对慈善的态度怎么样？因为现在有一种说法是，中国人不太热衷于慈善。

林嘉騋：这个跟国家政策有关系。首先，为什么国外的慈善机构那么多，我们国家少？我们民政部在审批慈善机构、公益组织的时候应该放开。

主持人：现在是很严格吗？

林嘉騋：是比较严格。还得自己去找主管部门。在国外都没有主管部门一说，都只有审批部门。

主持人：自己想成立的话，需要找相关部门审批。

林嘉騋：对。比如某个企业家想出一千万元，搞一个基金会，需要找主管部门、审批单位。这一块的程序审批很麻烦。西方政府在这个方面是放开的。其次，就是税收政策。做慈善的企业和个人会想，我做慈善事业、公益事业，捐出来的钱，税钱能不能抵销？目前税务部门只给抵3%，今年提出说给抵12%，我是希望能够100%抵税。这样才能够引导我们很多企业，包括先富起来的人献爱心。我们希望越来越多的人参与到慈善组织中来，这就需要国家税务方面的支持。最后，还需要媒体的公益宣传，让全社会都来做慈善事业，特别是要鼓励大量的人参与做义工。

主持人：今天的嘉宾访谈到此结束，最后请您给网友说几句话，或者是对两会的期待。

林嘉騋：今年的两会，我感触很深：人大代表和政协委员们对民生问题特别关注，收集老百姓的想法，帮政府出点子。我们希望在2008年，大家感兴趣的很多问题在中央的领导下，都会逐步解决。

主持人：谢谢林老师的祝福。谢谢各位网友！

（原载于腾讯网2007年3月10日）

增强海洋意识，书写海洋新篇

——访“中国航海日”发起人、全国政协委员林嘉騋

林圳勇

“起来，起来，我们万众一心……”伴随着雄壮的国歌声，7月11日上午9时，由福建省交通厅、福建省交通运输（控股）有限责任公司主办，福建省航海学会、福建省船东协会、福建省轮船总公司承办的福建省庆祝2008年中国航海日大会在福州举行。

确定7月11日为国家航海日是对中国历史悠久的航海文化及民族精神的传承与发扬，对增强全民族的海洋意识、海权意识、海洋国土观念和发展海洋经济的意识，在建设海洋强国中更好地书写中国人开发海洋新历史具有重大意义。会议之后，在接受本报记者专访时，中国航海日发起人、闽籍全国政协委员林嘉騋如是说。

一份提案催生了一个国家节日

这是一位和善文雅、精神矍铄的老人，虽年逾花甲仍身兼数职：全国政协委员、全国政协港澳台侨委员会委员、联合国开发计划署中国政府南南合作专家委员会委员、中国扶贫开发协会副会长。

“由于工作关系，我到过全球50多个国家和地区，外国对海洋的重视和开发上的成就对我触动很大。”林嘉騋说。一个国家的兴盛与航海事业密不可分，世界上不少海洋国家都有自己的航海节或海洋日。为弘扬航海文化与爱国精神，有的国家政府部门每年都牵头隆重庆祝航海节。中国海岸线漫长，海域

面积300多万平方公里，是海洋大国、航海大国，又是贸易大国，应当设立航海节日，以增强广大民众的海洋意识和海洋国土观念，增强中华民族的凝聚力。

为此，林嘉骕经过半年多时间的酝酿，在2005年3月的全国政协会议上，以《关于设立中国航海节的建议》的提案正式提出。在提案中，他建议以纪念2005年郑和下西洋600周年为契机设立中国航海节，以郑和下西洋首航日7月11日为中国航海节的法定日。

提案受到不少政协委员的关注和重视，并被列入大会的正式议案，随后受到国务院的高度重视。据了解，2005年4月25日，当温家宝总理批示的时候，他的案头还有81个其他类似的纪念节日在申请批准。但这么多下来，只批了“航海日”一个。

“航海日提案被采纳，是我人生最精彩的一页。”林嘉骕激动之情溢于言表。

他深情地说，提出设立国家航海日的建议，是一个政协委员为至高无上的国家利益应尽的职责，也同家族与海洋的渊源所赋予的深深的海洋情结有密切的关系。

60多年前，林嘉骕生于福州市的一个航海世家，他的外公从事过航海事业，他的父亲、舅舅都是当年著名的马尾海军学校的毕业生。他的父亲曾是国民党海军的一员，参加过抗击日军侵略的江阴保卫战；在解放战争期间，他的父亲和林遵一起率领第二舰队在海上起义，后来参与组建著名的东海舰队，成为东海舰队的高级教官。林嘉骕说，家族的历史使他对海洋及海洋问题情有独钟。

只有强化海洋意识才能更好地书写海洋新篇章

在参政议政的道路上，林嘉骕是一位参政议政的能力颇受赞赏的政协委员。他担任过福建省政协委员，并自第九届以来一直担任全国政协委员，在20多年的政协委员任职生涯中，先后提交了300多份提案。其中有不少关于海洋的提案，是公认的全国政协委员中最擅长提出海洋方面的提案的专家之一。

据介绍，他提出过关于弘扬船政文化的提案，提出过关于开发沿海海岛、发展海岛经济、开发和利用国家海洋资源等多个提案。

“近代世界史中大国崛起都是从海洋开始的。这些与海洋有关提案的提出，目的就是希望国家和民众都能加强海洋意识，更加重视海洋对中华民族的伟大复兴的重大意义。”林嘉骕说，新加坡是弹丸岛国，但它充分利用海洋，取得骄人的发展成绩，这是值得借鉴的。我国有6000多个岛屿，绝大多数都未开发，如果能较好地开发，比如在一些海岛建设大中型风能发电站，利用潮夕发电，实施海水淡化等，都可以提供源源不绝的可再生资源，这比石油等不可再生资源的供给更有长远性的保障，符合科学发展观和可持续发展要求，必将为国家GDP的增长带来巨大的贡献。

林嘉骕高兴地对记者说：“这些提案都引起中央和有关部门的重视，大都被采纳，并导致了相关的法规或政策的出台。”

采访中，他也一再强调，一定要注意利用海洋资源，认为大陆可以和台湾携手合作，吸引外资或国外技术，勘探开发南沙群岛海底大陆架油气资源，为两岸同胞造福。

针对当前国内各地建高速公路、修铁路、发展航空业十分红火，此外还有大量的资金投入房地产等行业，但对最经济的运输方式——航运重视不够，以致每到较大的节假日，在群众出行频次大量增加时，铁路公路都出现运力紧张的问题，林嘉骕表示，要切实重视海洋资源、加大对航运业投资。“作为海洋大国，在建设海洋强国的过程中我们一定要建立一支强大的远洋船队，今后我将就发展中国远洋船队提出议案。”

面对海洋，福建当谋求更大作为

福建地处我国东南沿海，三面环山，东临台湾海峡，地理位置相对独立，经济以外向型为主，向海洋求发展相当重要，因此历史上素有“开海兴闽”之说。

林嘉骕表示，郑和及其庞大船队在七下西洋的过程中，福建除了是其驻泊基地和开洋起点之外，还为其贡献了众多的航海人才和精湛的造船技术，而郑和七下西洋也给福建的造船业、航海业和社会经济发展带来了空前的繁荣。这是值得引以为豪的，也激励着福建人更好地书写海洋新的历史篇章。

“面对蓝色海洋，福建应当谋求更大作为。”林嘉骕分析说。福建海岸线有3000多公里，海域面积13万多平方公里，海岛和天然优良港口众多；凝聚全省共识的海峡西岸经济区发展战略又正逢国家发展大好形势；再加上海峡西岸发展上升到国家决策，并得到中央多个部门的大力支持，此地利、天时和人和是福建发展海洋经济、建设海洋强省不可多得的优势。

林嘉骕向记者表示，福建对台具有地缘近、血缘亲、文缘深、商缘广、法缘深的独特优势，围绕对台优势，应该是福建谋求更大作为中必须高度重视的因素。他表示，福建有不少海岛，除了平潭、东山等少数几个得到开发，其他的都处于未开发状态。如能加强与台湾的交流、合作，做好这些海岛的开发、发展规划，并出台地方性的海岛法规，则既有利于促进福建海上旅游业、临海产业发展，又可以把旅游文化和宗教文化结合起来，必能在促进对台合作交流、推进两岸“三通”乃至祖国统一大业进程中贡献福建人特殊的一份力。要高度重视发展航运业，利用海西平台发展对台湾业界合作，也是福建谋求更大作为的应有之举。林嘉骕说，台湾四面环海，其货物进出口90%仰赖外贸航运来完成，这就促成了台湾航运的发达，两岸的三通早晚必能实现。为此，一方面，当前福建要做好与台湾航运界在客货运输、航线航点开设、造船等方面的交流、合作，为以后全面三通奠定坚实基础；另一方面，福建本身也要从资金、技术、人才、政策等方面为省内航运业创造良好的发展环境，同时要鼓励民间资本投资发展海洋船舶，大力扶持省内航运企业的发展壮大。

历史的海洋曾选择过福建，成就了福建曾经的辉煌；今天的福建人仍然应该以更大的信心和勇气去书写海洋新的历史。林嘉骕如是说。

（原载于《福建交通》2008年第7期）

着力改善民生，推进产业扶贫

——访中国扶贫开发协会副会长林嘉骕

田晓旭

“我国扶贫开发不仅表现在贫困人口减少和贫困地区加快发展上，更重要的是成功地探索了一条符合中国国情的扶贫开发道路，成为中国特色社会主义理论体系的组成部分。”国务院扶贫办主任范小建日前撰文指出。

在中国特色的扶贫道路上，产业化扶贫无疑是适应新阶段扶贫工作形势和市场需求而出现的新方式，也是开发式扶贫工作的重要内容。正如中国扶贫开发协会副会长林嘉骕所说，把重点放在产业扶贫上，已经是我国扶贫开发事业的重要方针之一。

架起产业扶贫桥梁

记　者：中国扶贫开发协会在产业化扶贫方面有哪些具体作用和贡献?

林嘉骕：中国扶贫开发协会自1993年成立以来，一直致力于消除贫困、缩小贫富差距、促进共同富裕、构建社会主义和谐社会、辅助政府广泛动员社会力量、引导多种所有制经济、组织开发产业扶贫工作、实现扶贫开发的社会效益与投资回报的双赢目的。推动产业扶贫开发，是协会的最主要工作，也是协会扶贫创新的长效品牌工程。

中国的扶贫工作一直都是以“输血”为主，有政府财政拨款资助、社会资金捐献援助等。而在“造血”方面，则必须坚持产业化扶贫和开发式扶贫。中国扶贫开发协会就是朝着这个方向努力。比如说一个贫困地区、革命老区或者边远山区，当地资源比如地下资源很丰富，或者是农产品很丰富，但是农民缺少信息，没有加工技术，那么我们就把东部沿海的企业通过招商引资引到当地办工厂，吸收这些农民变成工厂的打工者，变成工厂的职工。

以山西长治为例，该地区干旱缺水，饮水问题一直以来都是“老大难”。为此，中国扶贫开发协会通过与国家开发银行和山西省政府合作，从2006年2月开始将长治确定为“新农村建设与扶贫开发”试点市，由国家开发银行为长治市提供1.17亿元贷款，在全市共建成各类农村饮水工程1641处，彻底解决了全市3334个自然村82.4万农村人口和11.6万头牲畜的饮水安全问题。此外，协会通过牵线搭桥，为“长治家禽标准化生产示范县”建设项目和农村基础教育工程争取贷款4000万元。

长治市农村饮水安全试点工程的成功实践，探索和创新出了中国扶贫开发协会、国家开发银行、地方政府和项目“四位一体”支持产业化扶贫的新机制，协会在其中所发挥的作用正是为产业扶贫架起沟通服务桥梁。仅通过与国家开发银行合作，协会便为贫困地区引进资金约30亿元。

此外，中国扶贫开发协会在宁夏启动的贫困地区小额融资体系建设试点工程，也将在宁夏辖区的原州区、隆德县、盐池县、灵武市等地区逐步开展。相信试点之后，将有效解决基层农村贫困农户贷款难的问题，加速宁夏设施农业和特色农业产业发展。

扶贫产业立足民生

记　者：作为中国扶贫开发协会副会长和中国产业扶贫委员会主任，您认为当前我国产业化扶贫的重点是什么？

林嘉騋：产业化扶贫是国家制定的“一体两翼”扶贫开发战略方针的重要组成部分。具体到我国的实际情况，实现广泛而且高度的农业产业化是广大贫困农民彻底摆脱贫困的落脚点和归宿。产业化扶贫的目的就是要使贫困地区的社会经济从质上得到提升，改变传统自给自足小农经济社会的现状，从而实现富裕文明的共同愿望，因此，产业化扶贫不仅涉及千家万户，而且涉及千变万化和激烈竞争的市场。

产业化扶贫的关键在于因地制宜，科学规划，正确引导。无论是从自然地理环境还是从社会经济发展现状，贫困地区每处都不尽相同，这一客观现实决定了产业化扶贫必须因地制宜，对于产业的确定要根据各地不同的自然气候条件和群体习惯并结合市场发展前景，汇集相关方面的专家进行综合分析和论证，根据产业发展的需要和扶贫资源的可行性进行科学合理的配置。科学可行的产业化扶贫规划不仅能够对广大农民起到正确引导的作用，而且还可以吸引社会资本及生产要素参与到规划产业建设之中，起到“引窝蛋”的作用，有利于最大限度地发挥扶贫资金的效益。

同时，产业化扶贫也需要通过对外开放，融入市场，使资源优势变为经济优势，提高市场竞争能力，从而达到脱贫致富的目的。将当地的优势、特色发展成为产业，形成现实有效的经济支柱，便是产业化扶贫的最有效途径。

当然，产业化扶贫还应重视对公共需求的投入，搞好公共需求服务。同时，在扶贫产业项目的选择上，应该立足民生，对有利于地方可持续发展的民生、教育、科技等项目给予重点扶持，促进产业化扶贫又好又快、健康发展的作用。

全面推进产业化扶贫

记　者：以中国扶贫开发协会多年来的经验，如何才能更好地推进产业化扶贫事业？

林嘉騋：就协会的经验而言，加大产业化扶贫力度，推进产业化扶贫事业，更好地提供服务是关键。

第一，在招商引资方面，东部沿海地区的经济普遍要比西部地区强，有东部经济向西部扩散的趋势，我们的工作是从贷款资金上支持企业家向西部发展，为贫困地区争取贷款资金支持。将扶贫资金用在农村有一定经济基础、市场经验的企业手中，通过它们带动农户脱贫，同时也解决企业在产业化发展中的基地建设的问题，如蒙牛集团用的奶牛牧场，很多都拿过扶贫资金。这种方式不仅是救助贫困的典型模式，同时也是产业扶贫的示范模式。这次金融和企业在贫困地区的合作，将是未来农村产业化解决贫困的重要形式。

第二，在产业扶贫方面，协会非常重视发挥人才优势。大力开发人才资源，依靠科技进步，提高产业开发效益，把科技推广应用贯穿于产业化扶贫的始终，用科技优化产业结构，发展科技型、创新型龙头企业，形成独具优势的特色产业，促进科技成果在产业化扶贫中得到转化利用。

第三，注重农村人才培训，也是协会在推进产业化扶贫事业中比较注重的。农民工失去了工作，失去了土地，给当地政府带来了很多压力。我建议中央出台相关政策给予支持，为积极创业者给予优惠政策，为他们开启方便之门。从东向西，就地解决农民工的后顾之忧，如解决留守儿童、老弱病残等的生活问题，保障当地社会稳定。农民工大多数在东部地区掌握了一些技能，当地政府应培养他们一专多能，来适应当地工作环境，转变观念。即便在本地，在工厂，也要有创业精神，让农村逐步形成一村一品、一乡一业的扶贫开发新格局，这样社会才能进步。

第四，产业化扶贫需要龙头企业带动，加强龙头企业与特色基地的衔接，健全完善龙头企业与农户的利益联结机制，农民才能广泛受益。龙头企业要立足于加工转化，通过市场辐射和效益覆盖，带动贫困村和农户发展优势特色产业，推动产业结构升级，推进产业化扶贫工作的有效开展。

此外，积极组织全社会力量参与扶贫事业，引导社会各方面大力开展各具特色的扶贫行动，促进国际合作。弘扬中华民族扶贫济困的传统美德，为推动产业化扶贫的健康发展再接再厉，作出新的贡献。

（原载于《信息导刊》2009年第44期）

应尽快为扶贫事业立法

顾　磊

提案背景

改革开放以来，我国发展迅速，经济实力大大增强，综合国力已立于强国之林。但发展不均衡的问题仍然存在，城乡之间、东西部之间的贫富差距较大，扶贫事业任重道远。

国务院总理温家宝在去年全国两会期间所作的政府工作报告指出，应加大扶贫开发力度。今年将实行新的扶贫标准，对农村低收入人口全面实施扶贫政策。新标准提高到人均1196元，扶贫对象覆盖4007万人。

国务院总理温家宝等中央领导在多次谈话中指出，要完善国家扶贫战略和政策，加大扶贫战略和政策，加大扶贫资金投入，坚持开发式扶贫，稳定解决扶贫对象温饱问题并努力实现脱贫致富。

因此，开发式扶贫已经成为当前扶贫事业的“重中之重”，需要全社会的参与。

今年全国两会，林嘉騋委员在扶贫开发方面共抛出四个重点建议，从立法和政策的角度建言献策。林嘉騋委员在接受记者采访时指出，国家应该出台综合配套性的政策，为扶贫开发打造政策保障体系，动员社会力量参与，最终消除贫困。

在扶贫领域，目前社会各界已达成共识——必须改变过去救济式的“输血”扶贫方式，发展开发式的“造血”扶贫。

那么，如何转变？除了社会各界转变观念、一起努力之外，相关配套政策必不可少。全国政协委员、中国扶贫开发协会执行副会长林嘉骕今年抛出一系列“重磅”提案，旨在通过抛砖引玉的方式，为扶贫开发建言献策。

提案建议：

建议一：应尽快为扶贫事业立法。

加快为扶贫事业立法已经是社会各界呼吁多年的一个问题，早在2004年全国两会上，全国人大代表郭海亮就曾建议将《扶贫法》纳入全国人大的立法规划。此后，关于扶贫立法的呼声不断。

扶贫立法如何为开发式扶贫提供法律方面的保障？林嘉骕委员认为，立法应该对参与开发式扶贫的主体进行规范。

主体包括：政府、NGO、企业和各方社会力量。

“应该分清这些主体各自的方向和分工，把这些界定清楚。”林嘉骕委员告诉记者，“比如，政府应该在资金倾斜、政策引导等方面加大投入，政府应该将一些职能延伸出去，让NGO来执行；而NGO应该在公益慈善方面、在扶贫开发的项目实施上努力；同时，爱心企业和爱心人士也应该参与进来，为扶贫开发出资出力，民间资金和物力是非常庞大的，可以弥补财政不足。”

因为角色不清，林嘉骕委员所在的中国扶贫开发协会在项目实施的过程中，多次被政府或企业拒绝。“他们认为这是政府应该做的事情，NGO来做这个事情是不应该的，这是一种偏见，应该通过立法来规范。”林嘉骕委员说。

扶贫立法的第二个重点，是应该指明，扶贫事业应倾向发展开发式的“造血”扶贫，并强调产业扶贫的重要性。“我们动员一切社会力量参与开发式扶贫，让偏远地区和相对贫困地区的劳动人民利用本地和外来的资源，通过自己双手的努力创造美好的家园。”林嘉骕委员告诉记者。

建议二：增强国务院扶贫办职能。

“我建议将国务院扶贫办改名为国务院‘富民办’。这个改名有两个意义：第一是改变扶贫的色彩，扶贫不是救济式的，而是开发式的，因此应该让大家都富裕起来；第二，这个名称也可以改变社会上一些仇富的心理，表明党和政府的扶贫政策的富民色彩。”

林嘉騋委员还建议："国务院扶贫办要统筹全国扶贫事业的发展。"

为什么要这样建议呢？林嘉騋委员认为，目前国家各大部委下面都有扶贫办，但有点"各自为战"和部门分割的色彩，力量难以统一。另外，国务院扶贫办目前主要抓的是农村地区的扶贫事业，而城市中的困难群体，目前没有专门的部门来开展开发式扶贫。

"我建议的这个'富民办'，应该将各个扶贫机构统筹起来，有主导性地开展开发式扶贫，将城市和农村的困难群体全部纳入扶贫事业中来。"林嘉騋委员说，"但光依靠政府是不够的，党中央和国务院的领导人多次指出，要依靠社会力量扶贫，因此，应该动员NGO和企业以及爱心人士参与扶贫事业。"

建议三：成立中国扶贫开发银行。

林嘉騋委员介绍，目前中国农村约有5500万低收入农户，他们中能从信用社获得贷款服务的不到20%，即使向每户提供一次10000元的贷款，信贷需求缺口也在4000亿元以上；如果扩展到城乡近亿贫困群体，若向每人提供一次10000元的贷款，信贷需求缺口就达10000亿元之多。

"我们认为，组建一家全国性的以贫困人群为主要服务对象的金融扶贫机构，可以有效地克服金融扶贫这一短板，让困难群体享受到贷款的帮助，帮助其实现脱贫致富的梦想。"林嘉騋委员告诉记者。

林嘉騋委员介绍，拟组建的中国扶贫开发银行在市场定位、营运目标及运行模式上将完全不同于现行的其他金融机构。

"市场定位上，中国扶贫开发银行将以向国内贫困人口提供信贷服务为目标，主要目标客户群则瞄准无法从商业银行、小额贷款公司、农村金融机构获得贷款支持且具有劳动能力的农村及城镇贫困人口、失业人员、残疾人、未就业的大学毕业生。通过发放小额贷款，促进这部分人通过创业致富。"林嘉騋委员说。

"营运目标上，中国扶贫开发银行追求的是经济效益与社会公益效益的最大统一。其强调盈利，并非为了自身利益，而是把所得利润的大部分仍用于新的扶贫项目、新的扶贫领域。"林嘉騋委员告诉记者。

此外，在运营模式上，林嘉騋委员认为，应该建立爱心人士出钱帮助困难群体的资本金募集及扶贫存款机制，同时建立“多户联保+风险基金+循环贷款”的贷款模式，并针对不同地区和不同情况的贫困群体，实行差异化的服务方式。

据了解，目前，中国扶贫开发协会联手共青团中央、全国妇联、中国残联、全国总工会及全国工商联，正在牵头发起并组建中国扶贫开发银行。

建议四：博彩向扶贫开放。

“扶贫事业需要动员社会力量参与，也就意味着每个人都可以参与，那么该怎么参与呢？其实有很多种方式，比如博彩。”林嘉騋委员说。

经过多年发展，我国博彩事业获得长远发展，目前在体育和助残等领域，筹集了大量的社会资金，并把这些资金用于社会福利方面，取得了很好的效果。

为此，林嘉騋委员建议，博彩应该向扶贫事业放开。“这是一种草根参与的最佳方式，每个人都可以奉献自己的爱心。大家花很少的钱购买彩票，既有可能获奖，又为扶贫事业作出了贡献，何乐而不为？通过这种滴水汇聚成大海的方式，就可以吸纳大量的民间资金用于扶贫事业。这对消除贫困当然是有帮助的。”林嘉騋委员告诉记者。

（原载于《人民政协报》2010年3月2日）

组建远洋舰队　建海洋强国

凯　雷　何　凡

钓岛局势扭转，南海纷争未结，全国政协委员林嘉騋近日接受本报专访时指出，“建设海洋强国”首次载入中共十八大报告，是面向未来十年战略机遇期极具战略意义的决策。他表示，要从历史与战略的高度抓紧对中国海洋权益的研究与保护工作，在加强护卫南海、钓岛海域主权的同时，中国也须更加重视加强海底资源开发勘探利用。

林嘉騋说，南海海底资源开发与权益维护是“建设海洋强国”的重要内容。针对中国周边海域海权不断受到周边国家的挑衅，林嘉騋指出，从之前菲律宾挑起的黄岩岛争端、到越南的战机侵入南沙群岛等，中国海洋主权受到挑衅，维护海洋主权不能有丝毫让步。中国须刻不容缓地加强海军力量建设，以维护国家利益。

林嘉騋指出，两岸海军如能把握契机，探讨联合展开共同保钓行动乃至军事演习，可加强两岸军事互信。他建议，三沙市与太平岛都有机场，宜考虑共建可供飞机、船舰停泊的供给基地。而在民间层面，两岸可展开全方位的、多样化的合作，比如，“人大代表、政协委员与台湾民意代表可适当组织到钓鱼岛走走；两岸可开放发展游轮旅游到三沙、太平岛等岛屿；两岸可组织科考队到海洋进行勘察科考活动等”。

林嘉騋也倡议组建太平洋舰队。“在全球一体化的背景下，强大的海军是维护国家航运、贸易、能源、渔业利益的必需，也是维护国家安全的必然。”他说，中国现在有三大舰队，均侧重于近海防御。反观俄罗斯、美国，都有太平洋舰队，具有重要的战略影响力和威慑力。中国应组建远洋舰队，突破第一岛链的封锁，同时也应适时考虑在世界其他地区建立军事基地，为海军走向远海提供支持。在全球一体化背景下，强大的海军是维护国家航运、贸易、能源、渔业利益的必需，也是维护国家安全的必然。

（原载于《香港文汇报》2012年12月6日）

图书在版编目（CIP）数据

政协委员履职风采·林嘉騋／林嘉騋著．—北京：中国文史出版社，2016.10（2018.3 重印）
ISBN 978-7-5034-8471-1

Ⅰ．①政… Ⅱ．①林… Ⅲ．①政协委员—生平事迹—中国
②林嘉騋—生平事迹 Ⅳ．① K820.7

中国版本图书馆 CIP 数据核字（2018）第 030713 号

责任编辑：梁玉梅

出版发行：	**中国文史出版社**
网　　址：	www.chinawenshi.net
社　　址：	北京市西城区太平桥大街 23 号　邮编：100811
电　　话：	010—66173572　66168268　66192736（发行部）
传　　真：	010—66192703
印　　装：	北京地大彩印有限公司
经　　销：	全国新华书店
开　　本：	787 × 1092　　1/16
印　　张：	14.75　　插页：6
字　　数：	220 千字
版　　次：	2017 年 1 月北京第 1 版
印　　次：	2018 年 3 月第 2 次印刷
定　　价：	52.00 元
